JN172346

小さな会社の社長必見！

経営ツールとしてのISO活用

【ISOは会社をよくする処方箋】

一般社団法人
大阪府中小企業診断協会
ISO 研究会 ［著］

同友館

はじめに

　小さな会社の社長にとっては、ISOは馴染みがないかもしれません。ISOとは国際標準化機構のことで、国際間の取引をスムーズに行うための共通の基準を定めている団体です。その中に、品質マネジメントシステム（QMS）の規格としてISO9001があります。品質マネジメントシステムとは、品質を管理運営する会社のしくみのことで、会社の活動はすべて含まれます。

　品質マネジメントシステム規格としてISO9001が発行されてからおよそ30年が経過し、日本でも取得組織数を増やしてきました。大企業を中心とした取引先からの要求もあり、中小企業にも認証取得する企業が広がっていきました。徐々に認証企業数が鈍化し、2006年にピークを向かえました。ISO9001が必ずしも経営に対して有効に機能せず、形骸化している企業が増えてきたことから、その後減少し、現在は横ばい傾向になっています。そのような状況の中、2015年にはISO9001の規格要求事項が大きく改訂されました。この改訂では、ISOと事業との一体化、すなわちISOを事業目的の達成に役立てることを求めています。

　一般社団法人大阪府中小企業診断協会　ISO研究会は、日頃中小企業の経営支援に携わる中小企業診断士で構成され、ISOを真に中小企業の経営に役立てる方法について長年研究を重ねてきました。当研究会では、2015年の改訂により、更に経営に近づいたISOを、これまで無関心であった小さな会社にとっても、経営ツールとして自社の経営改善や成長に活かせるのではないか、むしろ小さな会社こそ、ISO9001が求める会社のしくみを活用することで、管理レベルを向上させ、売上アッ

プや利益確保につなげることができるのではないかと考えました。

　本書では、小さな会社の社長が日々直面している様々な問題に焦点を当て、その解決策を提案するとともに、ISO9001の規格要求事項に解決策のヒントがあることを解説しました。「あるある」と思える問題がきっと見つかると思います。関心のある問題を見つけてお読みいただき、自社の経営にお役立ていただければ幸いです。そしてISO9001に経営改善のヒントが隠されていることに気づき、そのしくみを、会社を良くする処方箋として活用されることを願っています。

　一般社団法人大阪府中小企業診断協会

ISO研究会　代表

髙 野　　淨

◉目　次◉

第3章　ISOが経営に近づいた

第1章
小さな会社の現状

まず会社の現状を
把握することが
大切になります。

　2017年版「小規模企業白書」によりますと、中小企業の業況、資金繰りの状況は改善傾向にあり、経常利益も引き続き高水準にあることから、中小企業全体を取り巻く状況は改善傾向にあります。しかし、小規模企業の状況については、改善傾向にはあるものの、改善度合いは中規模企業と比べて小さく、引き続き厳しい状況におかれている企業も少なくないと分析しています。

　小規模企業の課題としては、設備の老朽化が進んでいること、仕入価格の上昇分を販売価格に十分転嫁できていないこと、従業員の高齢化が進み人材不足が深刻化していること、下請企業においては売上単価も減少傾向にあること、などがあげられています。

　小さな会社は、人、モノ、カネといった経営資源が不足しがちで、大企業より優秀な人材の雇用が難しく、中には、老朽化した機械を何年も使い続けている会社もあります。また、組織的な事業運営が十分でなく、業務の管理レベルが低く、労働生産性も低い会社が多いと言われています。下請企業の中には、取引先からの継続的な受注に依存して、これまで積極的な営業活動をして来なかったという会社も少なくありません。

　一方、小さな会社には大きな会社に比べて良い点もあります。たとえば、社長と社員の距離が近く、社長の考え方や経営理念を共有することが容易です。そのため、社長の経営方針が社内に浸透しやすく、社長の意思決定で組織がすぐに舵を切り、チャンスを素早くモノにすることも可能です。その反面、社長が意思決定を誤れば会社はすぐに傾きます。また社員一人一人の存在価値が大きく、その働きぶりが会社の業績に大きく影響します。社員にとってはやりがいのある仕事を任せてもらえるという利点にもなります。

　日本経済団体連合会が2007年に発行した「ものづくり中小企業のイ

ノベーションと現場力の強化」というレポートの中で、優れた中小製造業の共通点として、次の3つを上げおり、今も支持されています。

（1）高度な現場でのオペレーション能力
（2）高い志・進取の姿勢
（3）経営者と従業員の間の強い信頼関係

　優れた中小製造業は、絶えざる変革という意味でのイノベーションを意識的・無意識的に関わらず実践しており、現場での高水準のオペレーション、すなわち「現場力」がイノベーションを支えていると述べています。小さな会社はイノベーションを実践し大きく成長する潜在力を秘めているのです。

　様々な課題を抱えつつも、成長する潜在力と機動力を併せ持つ小さな会社は、組織力・管理力を高めて前述のような厳しい経営環境の中で生き残り、果敢に成長していかなければなりません。

　そこで、本書では、次のような会社をモデルとして、第2章にて小さな会社が直面する様々な問題を取り上げ、ISO9001の規格をヒントにして解決策を探っていきます。

【モデル企業のプロフィール】
● 部品加工を中心とする中小製造業。
● 社長の年齢は60～70歳代。
● 従業員数は20～40人。
● 下請受注中心だが、自社製品もある。
● 主な取引先は製造業。
● 経営スタイルは勘と経験に頼り、管理レベルは低い。

- 社長の事業に対する情熱は大きい。
- 息子が専務として勤務しており、近い将来事業承継の予定である。

第2章
Q&A

1. 経営の視点
2. 顧客の視点
3. 業務プロセスの視点
4. 人材の視点

ISOでどんな
ことが解決できる
のかな?

◆メモ◆

1. 経営の視点

私の想いが、
従業員みんなに
伝えられたらなあ。

Q01 次の一手が打てない

社：売上や利益を上げるよう努力はしているのだが？

診：どのようにしていますか？

社：売上や利益については決算書を確認しているつもりだよ。

診：1年に1回把握されているのですか？

社：半年か1年に1回は見ているつもりだよ。

診：それでは結果をみているのですね？

社：そうだが。何かしないといけないことがあるかな？

診：はい。売上や利益は、計画段階から見る必要があります

社：捕らぬ狸の皮算用ではないのかな？

診：そうではないです。計画的に、意欲的に、自社の事業をつくりこむ
　　ということだといえます。

社：なるほど。それでは手順を教えてくれないか。

診：わかりました。それでは、経営計画の策定の方法についてお話しま
　　しょう。

社：それと、私だけでなく、従業員にどのようにして伝えるかも聞きた
　　いが。

診：はい。承知しました。

A01 | 経営計画を策定する

　売上計画や利益計画を策定するには、それを含む経営計画の策定に取り組むことが重要です。策定するには、次のステップを踏むと良いでしょう。

1. 経営計画を策定する準備

　社長自らが経営計画の必要性を周囲に話をして、社長（トップマネジメント）としての課題意識を表明します。

2. 経営理念・経営ビジョンによる全社員のベクトル合わせ

　会社の経営理念・経営ビジョンを確認して、社長（トップマネジメント）の課題意識とともに、『次の一手を打つための経営計画の必要性』について社長が社員に説きます。経営理念・経営ビジョンがない場合は、『次の一手を打つためのスローガン』を経営幹部とともに定めます。

3. 財務分析による自社の経営実態の把握

　決算時に作成する貸借対照表、損益計算書やキャッシュフロー計算書、資金繰り表などから、自社の経営実態を把握します（この作業は経理担当者による通常勤務以外の時間を使っての分析、もしくは経営の専門家の支援を必要とする場合があります）。また、数値面以外の新たな技術開発状況や新規顧客の動向などを合わせて把握しておく必要があります。

4. 自社を取巻く外部環境、自社製品と市場、競合関係などの把握

　経営に好影響をもたらすネタ（すなわち『次の一手』）が、対外的に

も有効かどうか、外の世界をチェックします。このとき、中小企業として生き残り続けられるような生存領域（大企業には手が出せない領域）であるかどうかも同時に検証します。

5.次の一手を打つための課題探索

　財務分析等からでてきた自社の経営実態と外の世界などを把握した上で、課題（ネタ）探しをします。具体的には、売上高に対して人件費がどの程度で推移してきているのか、在庫は売上高のどの程度保有しているのか、などです。ここでいう課題とは、『次の一手を打つと経営に効果的に好影響をもたらす』ネタのことです。経営に好影響をもたらすネタこそが、『次の一手』になります。

6.3〜5ヶ年度の経営計画の策定

　5.で出してきたネタ、4.での外部からの検証などを踏まえて、ネタの中から優先度の高い『次の一手』を選択し、売上計画、利益計画を含む経営計画を策定します。

7.アクションプラン（行動計画）策定

　選択した『次の一手』を達成するアクションプラン（行動計画）を策定し、関係者や社員とともに十分に共有します。

解説01 計画策定のプロセス

　『次の一手を打つ』ために、経営計画を策定することをお勧めします。ISO9001規格要求事項（以降、本書では特段必要がない限り本記述は省略します）「6.1計画」では、「リスク及び機会」への取り組みとして、「望ましい影響を増大する」、「望ましくない影響を防止又は低減する」とあります。経営計画とは、「4.1組織及びその状況」を理解し、「4.2会社をとりまく利害関係者のニーズ及び期待」を理解することから始まります。計画の策定にあたっては、トップマネジメント（社長）がリーダーシップを発揮し、課題認識や方針を打ち出します。経営計画策定担当者を組織の中から呼び寄せるとともに、組織内に取組みを進めることを宣言、そして計画が策定されたことの組織内（社内）発表も欠かせません。従業員を始めとする組織内（社内）のあらゆる関係者のベクトルを合わすことに繋がるからです。計画策定後は、具体的なアクションプラン（行動計画）を策定し、実行に移します。実行開始後も社長は目を離すことなく社内の実行状況にコミットメント（関与）し、従業員の意識や注目を引くようにします。ときには、経営計画進捗状況説明会などを全社会議の場で催し、トップの認識の伝達や従業員を鼓舞することも必要となってきます。

- -

◆気付き、特に注意する箇条・番号など◆

Q02 社長の想いが従業員に伝わらない

社：うちの会社の先行きのことを、いろいろ考えているのだけど。

診：どのようなことですか?

社：自分の想いでここまで会社を大きくしてきたつもりだけど、自分の
　　想いがなかなか社員には伝わらない、と最近考え始めているのだ。

診：そうですか。それは残念ですね。家庭内では子どもは親の背中を見
　　て育つといわれてきた時代もありましたが、世の中もずいぶん変
　　わってきたようです。ところで、社長の想いを説明するような機会
　　はあるのですか?

社：そういえば、普段の話の中で時々想いは伝えるが、まとまった時間
　　に、具体的に資料などを用いて伝えるということはやっていない
　　な。

診：そうですか。それも残念なことです。会社の方針や目標、課題など
　　は、社長の想いだけに留めずに、同じ組織で働く社員にも共有し
　　て、協力得るということが大事なことです。

社：そうだとは思うが、それは社長の仕事なのか? 具体的にどのよう
　　にすればいいのか? う〜ん。

◆問題、課題、自社との比較など◆

A02 社長には想いを従業員に伝えるリーダーシップが必要です

　複数人で事業するどんな小さな組織でも、組織である以上は「共通の目的、目的に沿って貢献する役割、良好なコミュニケーション」がなければ組織は成り立ちません。共通の目的とは、企業においては経営理念や経営ビジョンといわれています。経営理念とは、企業行動における基本的な価値観、精神、信念、あるいは行動基準を表明したもの、また社是とは、企業の経営上の方針・主張を意味します。言葉によってニュアンスはやや違いますが、呼び方はどうであれ、企業のあるべき姿、経営者の方針や理念、従業員に求められる基本的な行動規範（行動する際の模範や手本）や心構えなどは、従業員の数が増えるほど何らかの形で文章化し、伝えることが必要になります。

　次に、組織全体を管理運営するための、計画、組織編成、実行体制、調整、統制などの仕組み（マネジメントの仕組み）や品質などの各種目標についても、何らかの形で表示して従業員や顧客に伝えるべきです。経営者の想いは、従業員にとっての動機づけになり、組織が活動するための共通の価値感になり、組織が進むべき方向を確認する羅針盤になります。

　図表02-01は、品質方針をビジュアル化（見える化）し、社内外に発信しようとする例です。そして、発信するにあたっては、組織全体を巻き込んで有効に機能するよう、社長にはリーダーシップが求められるのです。先に述べたように、社長の想いや存在が見えない組織では、実効性の高い仕組みが機能するとは考えにくいのです。

　以上のように、社長の想いを伝えるために以下のような取組みを行います。

　①文書化或いはビジュアル化するなどして、経営理念や経営方針、マ

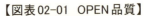

【図表02-01　OPEN品質】

ネジメントの仕組みや品質方針などに埋め込むこと、

②伝達の仕組みとして経営方針発表会、経営会議、朝礼、社内WEB
（イントラネット）、社長ブログなどを活用すること。

最近では、職場が分散している場合もあるので工夫も必要です。名刺
サイズの「行動規範」を作成し、定例会議の時に出席者全員で唱和した
り、社内のWEB会議が始まる前に「社是」を確認する例などがありま
す。

◆ 自社への応用、違い、まねできること、疑問点と質問など ◆

解説02 | 社長のリーダーシップは様々な場面で求められています

　経営者が果たすべきリーダーシップについては、「5.リーダーシップ」で規定されています。それを身近に要約すると、次のようになります。

　①社内の仕組みの有効性についての説明責任を負う。

　②方針及び目標を確立して実現可能なものとする。

　③仕組みの有効性の増進に社員を参加させ、指揮し、支援する。

　④重要性やリスクを伝え、改善を促進する。

　⑤管理層の役割も支援する。

　経営者が関与しない現場任せの仕組みの構築は、継続的改善に貢献しない形式的なものに陥りやすく、意図する戦略的な課題達成には結びつかないことになります。実効性の高い仕組みが機能するためには、方針の確立と伝達が必要であり、組織全体を巻き込んで、仕組みが有効に機能するよう、トップマネジメント（社長）のリーダーシップが求められているのです。また、経営会議においては、社長のマネジメントレビューとして、社長が具体的な指示を伝達することも求められます。

Q03 下請から脱却したい

社：また取引先から8％も値引きしろと言われてね。やってられないよ。

診：またですか。社長さんも大変ですね。

社：このままではいつか潰れるから、ぜひとも下請から脱却したいのだがね。

診：でも下請だって、営業部門を持たなくても仕事はもらえるとか、取引先の技術指導を受けられるとか、設備を借りられるとか、良い面もいっぱいあるじゃないですか。

社：仕事がもらえると言っても、取引先の都合だけで仕事を押し込んできたと思ったら、ばったり発注が止まったりするのだよ。そのたびに、人のやりくりだって大変なんだ。

診：そうですね。

社：それに設計や部品調達の遅れなどによる工期挽回のしわ寄せはいつも我々下請に押し付けてくる。その上に値引き要求だ。

診：少しは交渉してみたらどうです？

社：冗談じゃない。そんなことをしたら、すぐに他社に仕事を回されてしまうよ。それでなくても取引先は、そろそろ生産を海外に移す検討をしているらしいからね。そうなったらうちはもう生きていけないよ。下請からの脱却しかない！

◆問題、課題、自社との比較など◆

A03 | 下請から脱却する３つのカギ

1.取引先の数を増やす

　下請とは売り上げの多く、例えば50％以上、多ければ80～90％を一社に依存している状況を言います。従って取引停止などにならないためには、常に取引先の意向に沿う行動をしなければなりません。このような状態では、下請会社は経営の自主性を持つことはできず、経営権は完全に取引先に支配されます。

　従って下請を脱却するためには、取引先の数を増やす必要があります。取引先一社の売り上げは20％以内で、最低5社以上の取引先を持つのが理想です。そうすれば、たとえ一社からの発注が完全に止まったとしても、即座に経営危機に陥ることはなく、利益率は下がるものの、次の取引先を開拓する余裕を持つことができます。

2.自社の強みを明確にし、仕事の幅を広げる

　取引先を増やすとは言っても、なかなか容易なことではありません。営業部門に頼るのではなく、自社の強みを、より強くする経営改善が必要です。

　どんな会社にも実は強みはあるものです。人、モノ、カネ、組織のそれぞれの要素について、少なくとも10個以上ずつ無理やりにでも自社の強みを考えてみてください。次に抽出された項目を、価値があるか、希少か、まねができないか、組織体制は適切か、顧客にどんな価値が提供できるかの視点から評価します。強みを見つけたら、その強みをもっと強くする目標を立てましょう。

　さらにその強みを中心にして技術の幅を拡大しましょう。例えば板金のプレスだけ、溶接だけでは受注の機会が広がりません。できれば設計

【図表03-01　下請脱却のイメージ】

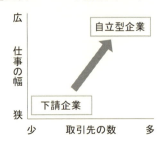

から組み立てまで一貫した受注体制を作ることです。自社だけで無理であれば、ネットワークを活用して体制づくりをする方法もあります。

　図表03-01に示すように、仕事の幅を広げ、取引先の数を増やすことが自立した企業への道になります。

3.社内を一体化させる

　従業員の目も気持ちも、従来の取引先の方向を向いています。新しい取引先よりも、従来の取引先の仕事を必ず優先しようとします。

　下請を脱却していくためには、社内が一体となって計画を推進していかなければ成功できません。そのためには、経営者は決してぶれることなく、新しく決めた目標を守っていきましょう。

◆自社への応用、違い、まねできること、疑問点と質問など◆

解説03 | 下請からの脱却とは社内の仕組みを変えること

　今までは取引先1社の仕事をすれば良かったのですが、これからは新しいいくつもの取引先の仕事が行えるように、会社の仕組みを変える必要があります。またそれぞれの取引先の品質基準を満足させていかなければなりません。異なる取引先の仕事が輻輳した場合の優先順位も、社内で明確にしておく必要があります。加えて、従来は取引先の技術やノウハウを利用できましたが、今後は自分達で育成していかなければならないでしょう。

　社内を一体化させてこれらのハードルを克服していくためには、経営者はそのことを明確に宣言して、社内に方針を示さなければなりません。このことは「5.2.1品質方針の確立」「5.2.2品質方針の伝達」に示されています。

　次に「6.2品質目標及びそれを達成するための計画策定」「9.1監視、測定、分析及び評価」に沿って、方針を実現するための計画を立案し、遂行していきます。その中では実施する事項や必要な資源、責任者、完了時期、そして測定・評価方法などを具体的に決めます。PDCAを回して確実に推進していくことが成功につながります。

　下請からの脱却は自分の会社の歴史を変え、文化を変えることです。社員だけに任せず、社長が自ら強い意志で取り組まねばなりません。「9.3マネジメントレビュー」は経営者が振り返る機会です。

Q04　価格競争から脱却したい

診：社長、渋い顔をしていますね。何かあったのですか？

社：うんＡ社がね、今度の発注は相見積だと言うのだよ。あの仕事は、最初からうちがやらせてもらっていたのだけど、今度のロットからは相見積にするらしいんだ。

診：そうですか。でも今まで十分に生産性改善の工夫をしてきたから、価格的にはうちが有利でしょう。

社：それはそうなんだけど、努力が水の泡になりそうだよ。

診：価格競争を勝ち抜くか、競争を避ける別の戦略をとるかを考えなくてはいけませんね。

社：それに、今まで順調に売れていたうちのＢ製品ね。新たな競争相手が現れて、２割も安い値段で売り出したのだよ。

診：それは脅威ですね。次の開発は順調ですか？

社：開発は順調なんだけど、性能をアップしたから値段を上げる予定だったんだ。Ｂ社が出てくるとなるとそうもいかないかもしれない。

診：Ｂ社の性能はどうでしょうか？

社：後発だから、今までのうちの製品よりは性能アップしているが、うちの次の製品にはまだまだ及ばないね。

診：製品戦略を見直す必要がありそうですね。

◆問題、課題、自社との比較など◆

A04 | 価格競争を勝ち抜くか、競争から脱却するか

1.価格競争を勝ち抜く

　資本主義の社会では、何らかの競争は避けられません。価格競争を勝ち抜くことによって大きなシェアが獲得でき、スケールメリットによってさらに大きな価格競争力を手に入れることもできます。価格競争に勝ち抜くことも、戦略の一つです。

　製品であれば、コストの70％は設計で決まると言われています。すなわち設計段階で徹底したコスト削減を行います。設計部門は部品の種類や数の削減だけでなく、生産方法から物流、販売などあらゆる視点から、コスト削減を目指した設計を行います。

　その上で、各部門での改善を行うのですが、生産部門であればトヨタ生産方式の導入などを行って、現場のムダを徹底して省きます。通常は原価に利益を加えたものが販売価格であると考えがちですが、原価や利益は積み上げるのではなく、目標販売価格から利益を引いた残りが原価です。この原価でモノを作らなければいけません。

　目標販売（納入）価格 − 利益 ＝ 原価

　現状から出発すのではなく、目的（利益）のために現状（原価）をどう改革するのかの発想が必要です。

2.価格競争から脱却する

　相見積で発注をする会社であったとしても、あなたの会社が必ず納期を守る、品質が良い、優れた技術を持っているなど、他社にない優れた条件を持っていれば、あなたの会社は発注企業にとってなくてはならない会社になれるでしょう。価格は企業が発注先を決める条件の一つにすぎません。製品の場合も同じです。

　他社にない「強み」を持つことが、価格競争を避けるために必要です。発注企業にとって価値のある「強み」であれば、それは価格以上のメリットになります。あなたの会社は今まで事業を続けられたのですから、必ず「強み」はあります。それを他社が簡単に追いつけないぐらいまで、磨き上げるのです。

3.戦わない戦略

　価格競争を避ける別の戦略は、競争相手のいない分野に進出することです。まだ誰も見つけていない新しい市場を開拓する場合には、業界での一般的な機能から何かを減らす代わりに、新たな機能を加えて、自分の会社と取引先の両方の価値を増やすことだと言われています。理髪業の「QBハウス」などがその例です。

　また大企業や数をたくさん作ることで価格を下げようとする企業にとって魅力のない様な、小さな市場を狙う場合があります。この場合、特別な業界や取引先だけと取引をする場合や特別な地域に限って商売をする方法などがあります。例えば「お風呂用のめがね」や中小企業や個人を相手にした文房具通販の「アスクル」などです。

◆自社への応用、違い、まねできること、疑問点と質問など◆

解説04 | 価格以外で取引先の期待に応える

　発注企業がISO9001の認証を取得しているなら、「.4外部から提供されるプロセス、製品及びサービスの管理」に沿って、納入企業の製品や仕事のやり方などについて、評価を行って発注先を決めたり、評価通りの仕事ができているかどうかを管理しています。評価項目は発注元が必要に応じて決めるのですが、価格はその評価項目の一つにすぎません。価格競争から脱却するためには、価格以外の面で高い評価を獲得することです。また発注企業にとってなくてはならない企業になるためには、発注企業が納入企業に何を期待し、何を重要と考えているかを把握し、それを満足するよう努力することが必要です。いくら頑張っても、発注企業が期待しているところと違うところであれば、それは意味がありません。例えば発注企業は不良の無い製品を期待しているのに、いつも不良品を納入しているようでは、価格が安くてもいつか発注されなくなります。このことは「4.2利害関係者のニーズ及び期待の理解」に示されています。

　製品も同じで、いくら技術があるからと言って、取引先が求めていないような機能を持った製品は買ってもらえません。逆にその高い技術を使って、一部の数の少ない取引先であっても、高い機能を求める取引先の期待に応える製品を販売すれば、値段が高くても買ってもらえます。「8.2製品及びサービスに関する要求事項」が該当します。

Q05　銀行からの融資がなかなか降りない

社：ライバル会社と差別化するため、最新式の大型工作機械を導入しよ
　　うと考えていたのだが、困ったことが起きてね…。

診：前向きで良いことじゃないですか。何があったのですか?

社：いや、自己資金だけでは心許ないと思って、取引している銀行さん
　　へ説明資料を持って相談に行ったのだが、あまり良い返事をして貰
　　えなくってね…。メイン銀行以外にもあと2行へ声を掛けてみた
　　のだが、一様に消極的な態度だったのだよ。以前から「設備投資の
　　際には是非とも当行をご利用ください!」と言っていたので安心し
　　ていたのだが…。

診：どんな資料を持って説明に行かれたのですか?

社：機械の見積書とカタログ、それと試算表と資金繰り表、あとは説明
　　資料の投資計画書だよ。

診：それだけ資料があって説明したのにダメなのですか?

社：うん。「試算表が古い」「売上計画の根拠が見えない・投資による増
　　収効果が分からない」などの意見はもらえたのだが…。

診：そうですか。せっかく意見を頂けたなら、融資をしてもらえるよう
　　に計画書を作り直さなくてはいけませんね。

A05 | 数値計画に妥当性があるか？

「気合」や「心意気」だけの計画書では、銀行は信用しません。

1.試算表が古い

　試算表は金融機関がお金を貸す際に必ず提出を求める資料ですが、2〜3ヶ月遅れの試算表を提出される企業は往々にしてあります。ですがお金を貸す側からすれば試算表は企業の経営状態をお金の面から数値化した資料なのでとても重要視します。

　仕入先からの請求書などが届くのが遅いことを作成遅延の理由に挙げる経営者も多い様ですが、発注書や納品書などにも金額が記載されており、請求額がいくらになるのかは事前に分っている筈です。仮に自社の締め日まで請求書が届かなくても、仕訳伝票を作って経理処理を行うことはできます。

　前月の試算表は翌月の15日ぐらいを目途に、最悪でも翌月中に提出できる体制を整えないと金融機関からの信頼は得られません。「お金にルーズな会社」とレッテルを貼られてしまいます。

2.売上計画の根拠が見えない・投資による増収効果が分からない

　事業計画書などで良く見受けられるのが、設備投資直後に業績がいきなりV字回復するような計画書です。その投資に掛ける想いが強いことの現れなのでしょうが、本当にその計画は実現可能なのでしょうか？

　設備投資の効果が表れるまでには時間が掛かるのは当たり前です。既存設備との入れ替えともなれば、製造ラインが止まることによる一時的な売上減少が予想されますし、ラインが止まっている間でも作業者への賃金支払いは発生します。また、設置時の現場での微調整がうまくいか

【図表05-01　数量・価格等による売上変動要因の捉え方】

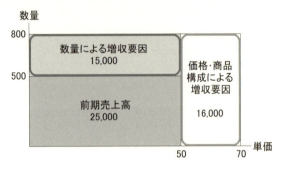

ずに稼働が遅れることもあります。そうした不測の事態も加味したネガ
ティブな視点（リスクシナリオ）も計画書には盛り込んでおくことで、
金融機関からの信頼性は格段に上がります。

　投資による増収効果については、取引数量の増加による増収か、価格
や商品構成の変更による増収かを区別しなければなりません。また採算
性についても、設備導入に伴う生産コスト削減や、自動化による人件費
の削減など、何がどう変わって採算性が改善したのかを具体的な内容で
定量的に捉えるべきです。

◆自社への応用、違い、まねできること、疑問点と質問など◆

解説05 定例資料作成の仕組みづくりと計画書作成上の注意点

　「試算表の作成が遅れる」という「4.1内部の課題」と、企業の資金調達面で利害関係者となる銀行のニーズという「4.2期待の理解」を満たすため、試算表など財務資料の定期的な作成プロセスが意図した通りに履行される様、組織内に定着させなければなりません。また、プロセスに問題があれば改善の機会と捉えて変更・修正を行い、速やかに資料作成できる体制を整備しなければなりません。（5.3a、b、c及びe組織の役割、責任及び権限）

　「売上計画の根拠が見えない、投資による増収効果が分からない」という問題について、自社が機会と捉え施策として取組んだ投資が有効であったかを自らが確認「6.1リスク及び機会への取組み」するためにも、計画とフォローつまり「予実管理」が重要です。

　QMSでは定量評価が必須ではありませんが、資金調達など対外的に提出する資料は総じて定量評価が求められます。また、計画書には目標を達成するためのアクションプランが（誰が責任者・担当者で、何をどのように、いつまでに実施するのか、いわゆる5W1H）が明記されているかがポイントとなります。（6.2品質目標及びそれを達成するための計画策定）

ISOは今までの日常業務に従うのが原則

　ISOが機能しない理由のひとつに、日常の経営業務とISOの業務とが連動せず乖離していることがあります。このような笑えない事例を2つ紹介します。

1. 人事異動は年1回しかできない

　従業員約100名、3工場をもつS社は、某家電メーカーX社との長い取引関係があり、同社の指導員の指導で品質、環境ISOの両方を取得しました。内容はX社の仕組みをそのまま移管したような、枚数の多いマニュアルや規定類等、非常に重いシステムでしたが、同時に運用し難いおかしな仕組みを作っていました。

　マニュアルによると、人事異動は、年1回行うマネジメントレビューのアウトプットのひとつとして行うことになっていました。となると、人事異動は年1回しか行えません。

　しかし、現実には何回も実施していましたから、明らかにISOの規定違反、つまり不具合です。当時の指導員の考え方は今となっては分かりません。一方審査員は、この規定に気づいていかも知れませんが、原則として審査員が否定することはありません。つまり人事異動という重要業務が、日常の経営の視点とISOの規程とではまったく別物となっていたのです。

　結局S社の経営はX社から言われるままで、社長にはS社を自分で経営していくという自覚が乏しかったのでしょう。S社はその後、他の要因もあって倒産しました。

2.内部監査では問題に対処できない?

　ISOの仕組みの中でもとくに運用が難しいのが、この内部監査でしょう。従業員約25名の板金業のT社は、経営者の努力もあって業績は順調です。社長は、今後規模が拡大した時に備えて、会社経営の体幹確立のためにISOを導入することとしました。

　審査に備えて実施した最初の内部監査は、多少の手違いもありましたが無事終了しました。しかし大量の不良品が発生したため、社長は臨時の内部監査を指示しました。このようにT社の経営では、ISOの考え方や仕組みがうまく機能している様に見えます。

　しかしマニュアルは、箇条9.3.1の「あらかじめ定めた間隔」の記述に従って、「決算月に合わせ、年2回内部監査を実施する」となっていますから、この臨時の内部監査は、規定上は実施できないのです。そこでマニュアルには、「必要に応じて実施できる」という項目を加筆しました。これで規定上、内部監査は定期開催の他に、問題があればいつでも実施できるようになりました。

　なお優れた中小企業では、社長が日々現場に出向いて問題点を把握し、改善指示をしています。これも形式は別として、その機能は内部監査と同じです。よって形式にとらわれず、内部監査をどんどん実施している会社が発展して行くのです。

ISO コラム①

2. 顧客の視点

顧客(お客様)
の視点になって
考えてみましょう。

それから自社の
強み(特徴)をアピール
しましょう。

Q06　値引き要請を段階的に受けて困っている

社：うちの会社は、取引先のおかげでこれまでなんとかやってこられた
　　が、近年は、営業担当が値引き要請を段階的にうけて困っているの
　　だよ。

診：何が原因か、心当たりはありますか?

社：取引先の経営状況がよくないせいなのか、本当の理由はよくわから
　　ないのだよ。

診：そうですか。取引先はとても重要な利害関係者でもあり、パート
　　ナーでもあります。しっかりと、コミュニケーションをとり納得い
　　ただきたいところですね。御社には、他社にない独自の製法技術や
　　技術人材がいます。

社：その想いはあるが、取引先の相手は営業担当だし、取引は、実際に
　　やってみないとわからないことも多いからね。

診：そのような部分もありますが、御社の独自の強みや品質確保に係る
　　仕組みをきっちり説明し、取引先に理解してもらうことも大切な企
　　業活動なのです。そのことが末永いパートナーとしてのポジション
　　を確保することにもなりますし、新たな顧客開拓にもつながります。

社：そうか。いくつかヒントを教えてほしい。

診：承知しました。

- -

◆問題、課題、自社との比較など◆

A06 │ 顧客とのコミュニケーションを進化させる

　系列などの取引先においては、下請中小企業は生産体制を支える重要な存在です。2011年版中小企業白書では、図表06-01に示すように「生産体制を支える不可欠な存在」、「製品・サービスのための補完的な存在」、「キーコンテンツを提供する不可欠な存在」と評価されています。

　その一方で、図表06-02のように新興国企業などとの競争激化から下請中小企業を選択していく傾向にあります。「自社にとって欠かせない技術・ノウハウを持っている下請事業者」、「商品開発や技術改善に係る提案能力がある会社」が選択の理由の上位になっています。これらのこ

【図表06-01　中小企業に対する大企業の認識】

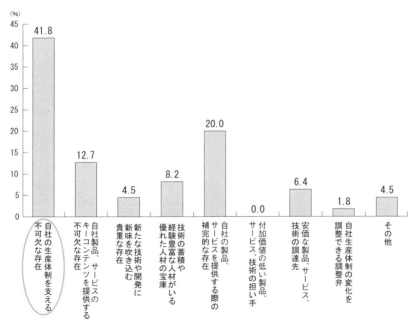

出典：中小企業庁「中小企業白書（2011年版）」

【図表06-02　下請中小企業の選定理由】

	技術力が高い下請事業者	取引量が多い下請事業者	自社にとって欠かせない技術・ノウハウを持っている下請事業者	商品開発や技術改善に係る提案能力がある会社	長年の取引がある下請事業者	特段選択はしていない
業種全体	56.9%	23.5%	57.6%	33.6%	36.7%	6.2%
製造業	57.7%	21.3%	55.3%	38.7%	32.4%	7.9%
サービス業	57.2%	25.8%	60.8%	28.4%	40.2%	4.1%

出典：中小企業庁「発注方式等取引条件改善調査（平成24年度）」

とから、下請中小事業者は自社の強みを再認識し、自社の商品が取引先において、どのように使用されているのかをよく把握し、取引先の利益にどれだけ貢献できているのか、自社の品質や技術力、人的資源なども十分に説明していく必要があります。また、一定以上の品質を確保しようとする品質マネジメントシステムを有していることや、原価管理の仕組みが存在することも、取引先との一体的・長期的な事業運営体制に欠かせません。

　更に一歩進んだ取り組みとして、取引先が何に困っているのか徹底的に深堀りし、その解決策を自社製品で戦略的に提案することができれば、取引先にとっての価値を大きく引き上げることになり、値引きどころか値上げを受け入れてもらえる可能性もあります。

　更には、これまで積み重ねた実績や将来に向けての達成目標を念頭に、自社のブランディングにも取り組み、新たな顧客候補先へのコミュニケーションにも挑戦していきたいものです。

解説06 ｜ 顧客とのコミュニケーションがこれまで以上に重要です

「8.2.1 顧客とのコミュニケーション」には、次の事項を含めなければ
ならない、と明記されています。具体的には、①製品及びサービスに関
する情報の提供、②引合い、契約又は注文の処理（これらの変更を含
む）、③苦情を含む、製品及びサービスに関する顧客からのフィード
バックの取得、④顧客の所有物の取扱い又は管理、⑤不測の事態への対
応に関する特定の要求事項の確立、です。

　また、「3.9.2 顧客満足」の定義が、「顧客の期待が満たされている程
度に関する顧客の受け止め方」とされており、「要求事項」の範疇に顧
客の「期待」が加わっています。コミュニケーションは「期待」を満た
すための情報収集と発信機能として、これまでより重要性が高まってき
ているといえます。顧客の「期待」に応えるためには潜在ニーズを探る
必要があります。顧客企業がまだ気づいていない技術課題を提案した
り、ビジネスチャンスを気づかせたりすることは効果的です。このよう
に、顧客企業の課題解決策を提案することが、顧客の期待に応え、顧客
満足の向上に繋がると同時に「8.1 運用の計画及び管理」のインプット
情報にもなります。

　また、不測事態への対応は、地震などの自然災害や、新型インフルエ
ンザの猛威によるパンデミックなどで、製品・サービスの供給断絶に対
処することを想定するものです。

Q07　営業力が弱い、新規開拓ができない

社：最近、取引先からの仕事が減ってきて、営業担当者に新規顧客を開
　　拓するようハッパをかけているのだけれど、どうも苦戦しているよ
　　うなのだよ。

診：どういう営業方法を取っているのですか?

社：どうしても話のしやすい既存の取引先ばかり訪問して、新規顧客の
　　開拓は後回しになっているみたいだ。営業力がなくて困るよ。

診：御社の営業担当者、本当に営業力がないのですかね。結構、優秀だ
　　と思いますけど。新規顧客の開拓ができない理由を直接担当者に聞
　　いたことはありますか?

社：聞いてみたことはあるよ。ある営業担当者は、「どのお客さんを
　　ターゲットにしたらよいか絞り切れないし、お客さんが何を求めて
　　いるから分からない状態で、ついつい後回しになってしまう。」と
　　話してくれたな。

診：なるほど、お客さんの絞り込みやニーズが把握できていないから、
　　新規顧客への提案内容が分からなくて困っているのでしょうね。少
　　し工夫すれば、その悩みは解消できるかもしれませんよ。

社：本当かい。詳しく教えてくれないか。

A07 | ターゲット顧客の絞り込みと問題解決提案

　新規開拓がうまくいかない営業マンの典型例として次のような事例があります。まずWEBなどで営業先候補を検索して見つけ、リストを作成する。商品のパンフレットなどをダイレクトメールで送る。数日後に、ダイレクトメールを見たかどうかの電話をかけ、面談のアポイントを取る。アポイントが取れた営業先に訪問して、商品やサービスの説明をする。何度か訪問して売り込みをするが、結局断られる‥‥。このような営業活動をしている会社は、たくさんあるのではないでしょうか。

　しかし、これは新規開拓がうまくいかない典型的なパターンです。この方法では、そもそもアポイントが取れる件数が限られますし、成約につながることはまれです。相手のニーズに応えられる自信のないまま訪問先企業を決め、確信のない提案をしても、効果は期待できません。それは、①ターゲットの絞り込みがあいまいであること、さらに、②自社の強みを把握していないこと、③顧客の抱える問題に対し、②を踏まえた解決案がきちんと提案できていないことが原因です。

　企業の営業活動にとって、まず自社の強みを整理し、攻めるべきドメイン（領域）を絞り込み、これに沿った顧客を選定し、さらに顧客のニーズを把握することは必須です。そのためには、まず既存顧客のニーズから分析することが有効です。

　ある板金加工会社では、自社HP（ホームページ）へのアクセスを解析し、これまでどのようなキーワードで検索されたかを分析しています。検索に使われた言葉から、取引先の「解決したい悩み」を抽出し、提供する商品やサービスを決める材料にします。

　新規顧客開拓においては、こうした既存顧客のニーズ把握を踏まえた解決策の提示に加えて、自社の強み（自社が選ばれる理由）とその源泉

である独自資源（他社に真似されない理由）を示すことが重要です。そのうえで、「当社にはこういう強みがあるから、こういう問題を解決できます」というストーリーを組み立て、パンフレットなどの説明資料にまとめておくと、営業活動に役立つツールになるでしょう。

　なお、HPには具体的な事例を掲載し、取引先に問題解決のイメージを提供することも有効です。こうした「問題解決型HP」により、取引先の悩み（ニーズ）の把握と、解決の提案が可能となります。

【図表07-01 「問題解決型HP」の例】

問題解決事例

事例1	事例2	事例3
曲げ加工をした際の精度が悪い。	バリ処理で困っている。	板金試作をしてもらいたいが、他社から断られる。

事例4	事例5	事例6
○○材料で▲▲加工をしてほしい。	■■加工時に、そり、ひずみが生じる。	異材溶接がうまくいかない。

◆自社への応用、違い、まねできること、疑問点と質問など◆

解説07 組織の状況分析とリスク及び機会の把握

「6.1リスク及び機会への取り組み」では、「4.1組織及びその状況の理解」によって、自社を取り巻く内部・外部の状況を分析し、「4.2利害関係者のニーズ及び期待の理解」によって、利害関係者の一つである「取引先」のニーズや期待を把握した上で、自社にとってのリスクと機会を洗い出し、その対策を検討することを促しています。これは、強みや独自資源という自社の状況を確認し、ターゲット顧客のニーズ（抱える問題）を把握したうえで、自社にとっての「機会」を見つけ、その対応策を検討することを示唆しています。自社の状況の確認には、顧客調査や既存顧客からのフィードバック、市場シェアの分析等が必要です。またニーズは、WEBや顧客（販売先）、関係取引先（材料納入業者など）からのヒアリングを通じて把握します。

　加えて、「9.1.2顧客満足」では顧客の満足度調査の実施を求めています。特に新規顧客に対しては、製品やサービスの提供後、迅速にフィードバック情報（アンケート、ヒアリング、クレーム、市場調査等）を入手し、満足度が満たされているかをモニタリングし、次回の取り引きにつなげることが大切です。

Q08　受注の減少が止まらない

診：社長、困り顔ですが、どうされましたか。

社：実は、取引先からの仕事が減っていてねえ。新規の開拓は難しい
　　し、長年続いてきた取引先に対してもう少しアプローチしたいのだ
　　けど、どうも反応が鈍いのだよ。

診：御社の加工技術なら、昔から続いてきたお客さんからの信頼は大き
　　いのではないですか。強力なライバル会社でも出てきているのです
　　か。

社：いや、それほど競争は厳しくないし、うちの職人も業界では十分
　　トップクラスの精度で加工できると説明しているのだけどね。向こ
　　うも担当者が若い人に代替わりしていて、（これまで積み重ねてき
　　た）あうんの呼吸では伝わらないのだよ。それに「将来的には海外
　　展開もあり得るから、一緒に海外に行ってくれるのなら取引も続け
　　るけど、そうでないと注文は出せなくなるかも」などと言われて
　　ね。そんなこと言われても海外なんて行けないし、‥‥頭が痛い
　　よ。

診：社長、御社の技術をアピールする方法を考えませんか。

社：一緒に考えてくれるかい。頼むよ。

- -

◆問題、課題、自社との比較など◆

A08 | 自社の強みを把握し、取引先の問題に応える

　長年に渡って大手企業の下請として仕事を受けてきた会社が、不況や生産工場の海外移転を背景に、注文が減らされる例が近年増えています。下請として受ける仕事量でこれまで事業が成り立っていた場合は、独自の営業をしていない会社も多く、取引先に対して十分に自社アピールができていないことが少なくありません。

　反面、そのような会社は、取引先企業の指導に従って地道に技術を磨いてきた結果、QCD（品質、コスト、納期）の各分野で高いレベルにあることも多いものです。しかし、自社内でこれを自覚しておらず、せっかくの強みを埋もれさせているケースが多々あります。

　そのような会社でまずやるべきことは、自社の強みをきちんと捉えることです。「敵を知り、己を知れば百戦危うからず」とは孫子の言葉ですが、まず己を知らないばかりに、せっかくのビジネスチャンスを逃している会社がたくさんあります。

　では自社の強みはどのようにして見つけるか。これまでの会社の沿革を思い返してください。今存続している会社は、幾度となく訪れた経済危機や長く続いた不況を乗り越えてきています。そのピンチを乗り越えた要因は何か、自問自答してみましょう。取引先の信頼を得たことですか？　ではその信頼はどこから生まれたのでしょうか。

　例えば、納期は必ず遵守していること、品質を高める人一倍の努力をしたこと、受けた仕事はどんなに難しくても必ずやり遂げたことなど、いろいろあるでしょうが、それらが今、自社にとっての「強み（選ばれる理由）」となっています。大抵の会社は、他の会社と比べて勝っている点があるはずです。どうしてもわからなければ、長年付き合いのある取引先に「なぜうちの会社と取引しているのですか」と聞いてみてもよ

いでしょう。案外、意外なことを評価していただいているかもしれません。また、強みはできれば数値で表現したほうが、アピールする場合に便利です。

　次に、「独自資源」を整理します。独自資源とは、強みを支えるもので、「競合に真似されない理由」です。自社が保有する技術、スキル、人材、業務プロセス、外部ネットワーク、などがあり、いわゆる「知的資産」と呼ばれるものです。そして強みと独自資源との関係を明確にしておきます。

　最後に、既存の取引先がどのような問題を抱えているのか徹底的にリサーチします。そして取引先が抱えている問題を把握し、その問題を自社の独自資源を活用することで解決する方法がないか検討します。現在の受注以外に取引先にとってメリットのある提案ができれば、新規の受注獲得につながります。

◆自社への応用、違い、まねできること、疑問点と質問など◆

解説08 | 顧客満足度調査で顧客との関係強化

「9.1.2顧客満足」では、「組織は、顧客のニーズ及び期待が満たされている程度について、顧客がどのように受け止めているかを監視しなければならない。組織は、この情報の入手、監査及びレビューの方法を決定しなければならない。」と記載されています。ここでは、収集した自社の評価を分析し、評価する必要性を説いています。収集する情報には、顧客からのアンケート等による評価、苦情・クレーム、また売上高推移、再注文・購入率などが含まれます。

顧客満足度調査によって、「既存の取引先が、なぜ自社を選んでいるのか」がわかれば、それは自社の「強み」を知ることになります。一方、既存の取引先の不満には、取引先が抱えている問題に対して自社が対応できていないことを示しています。ここには大きな「ビジネスチャンス」が眠っている可能性があります。

このような自社と取引先を知る活動を行いつつ、目の前の取引先の利益に対して貢献し続けることが、取引先との信頼関係をより強固にし、受注を拡大させることにつながります。

◆気付き、特に注意する箇条・番号など◆

Q09 納期に間に合わない

社：納期遅れがよく発生するのだよ。

診：生産計画通りに生産が進まないのですか？

社：受注が五月雨式に入ってくるので生産計画が立てられないのだよ。
　　毎日受注案件を並べて今日作る製品を決めている状態だよ。

診：それで、納期に間に合うのですか？

社：それが、材料が足りないとか、設備の段取りが悪いとかで、納期に
　　間に合わないこともよくある。

診：受注はリピートが多いのですか？

社：うん。リピートが多いが、そこにポツポツ新規案件が入ってくる。

診：新規案件の納期回答はどうしているのですか？

社：その都度、現場の作業者に確認して回答している。

診：それで納期回答通りに生産できるのですか？

社：いやぁ、できないこともあれば、余裕があることもあるね。

診：そうですか。適切な納期回答ができる仕組みと、納期通りに生産で
　　きる方策を考えないといけませんね。

A09 | 生産リードタイムの消費率で生産の優先順位づけをする

　計画を作っても、直ぐに崩れる。そもそも計画が立てられないから、納期回答も満足にできない。このような状態であれば、受注時点で納期から逆算して着手日を決めますが、その後は顧客の注文ペースにあわせて生産の優先順位をダイナミックに変更しながら納期遵守を最優先に生産する方式が有効です。

　生産に必要な期間、すなわち生産リードタイム（生産LT）は、納期までの余裕と考えられます。この余裕が少ない受注案件を優先して生産します。品目毎の生産LTはこれまでの実績から適切な長さにしておきます。そして生産LTを3等分し、最初は緑色、生産LTの1/3を経過すると黄色、2/3を経過すると赤色とします。生産LT以上の余裕がある受注案件は白色とします。白色案件は生産LTに到達するまで生産に着手しません。黄色と緑色の受注案件は納期までまだ余裕があるので、設備の稼働率や段取時間を考慮し、一定のロットをまとめて生産します。生産能力の低いボトルネック工程はフル稼働するように生産します。

【図表09-01　生産の優先順位】

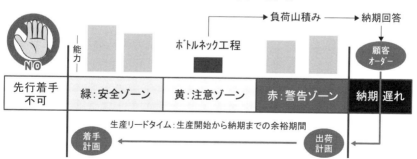

出典：「［決定版］在庫が減る！利益が上がる！会社が変わる！」を参考

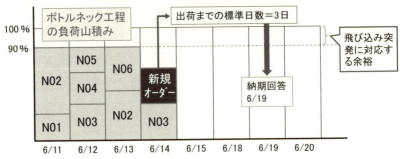

【図表09-02　納期回答】

出典：「［決定版］在庫が減る！利益が上がる！会社が変わる！」を参考

　一方、赤色の受注案件については、余裕がありませんので、生産LT
の消費率順に優先して生産します。毎朝、生産LTの消費率順に並べた
「生産LT消費レポート」を作成し、生産管理担当者は、これで納期遅れ
の懸念のある受注案件を察知し、優先して現場に生産指示をするとよい
でしょう。

　納期回答を行う際には、ボトルネック工程の詰まり具合を見て納期を
設定します。ボトルネック工程は最も生産能力の低い工程ですから、そ
れ以外の工程はボトルネック工程に比べて余裕があります。したがっ
て、ボトルネック工程の通過日程が決まれば、そこから出荷までの標準
日数を加えて納期回答すれば余裕をもって生産できます。ボトルネック
工程の通過日程は、ボトルネック工程の生産能力枠に負荷を山積みして
決めていきます。生産能力枠に10％程度の余力を残しておけば、ある
程度の飛び込み受注にも対応できます。

解説09 | 運用の計画及び管理と変更管理の徹底

　「8.1運用の計画及び管理」には、運用の計画を立案し、管理する方法について記載されています。ここでは、取引先の要求事項を明確にし、必要な資源を準備し、基準に従って運用することでプロセスが計画通りに実施できるように管理することを求めています。また、「8.5.6変更の管理」に変更が生じた場合の対応について記載されています。

　「納期に間に合わない」という現象は、「8.1運用の計画及び管理」の要求事項を十分満たしていないと考えられます。また、「急な納期変更や飛び込み受注に対応できない」のも、「8.5.6変更の管理」への対応が不十分ということになります。

　納期回答を行う時点で、取引先の要求事項（納期）を確認し、生産プロセスにおける資源の制約（ボトルネック工程の存在）を認識し、資源がフルに活用できるように納期回答します。そして計画として着手日を決め、生産LTに到達した受注案件から着手します。

　生産遅れや納期変更、飛び込み受注などによる計画変更については、「8.5.6変更の管理」に記載されていますように、レビューを実施し、要求事項（納期）に適合するように管理する必要があります。生産LTの消費率で毎朝レビューし、生産の優先順位を変更することで、適切に生産を管理することができます。

- -

◆気付き、特に注意する箇条・番号など◆

Q10　仕様があいまいなまま発注される

社：またいいかげんな仕様を詰めないまま受注してしまった。このまま
　　では製造できない。生産計画も大幅に狂う。

診：どうされたのですか?

社：長い付き合いのある取引先なのだが、まあ、いい加減な仕様書で
　　ね、特に図面がひどい。毎回こちらで修正をして製造している。納
　　期と価格は厳しいから、遅延しないよう毎回総動員だ。常に設計段
　　階から計画を組替えているよ。

診：信頼されているとも言えますが、見直さないといけませんね。

社：後はよろしくやってくれと丸投げで発注してくる。今まで大きな事
　　故が起きなかったのが不思議だよ。継続的に大口発注をくれるから
　　取引を続けたい。どうにかならないものか。

診：リピート品が多いのですか?

社：リピートと新規と半々だね。リピート品も何の対策も講じていない
　　ままだ。このままではいけないと分かっているのだが。

診：引合いの段階で技術担当も交えて仕様を詰めるなり、受注後なら修
　　正図面を取引先へ提出して再交渉できませんか? 事故が起きた場
　　合、仕様通りでなければ御社が契約違反になりますよ。

社：取引先との力関係もあって、なかなか言えないよ。

診：一緒に今後の対策を考えましょうか。

A10 │「あいまいさ」を放置せず、仕様を明確化する

　詳細を詰めないまま受注することはありませんか？　仕様書に要求性能を100％落とし込むことは困難な場合もありますが、作ってみなければ分からないような状態では品質、コスト、納期の全てが満たされず、納期遅延や製品の不具合が発生し、信頼関係が損なわれる可能性が高くなります。どのようにすればよいでしょうか？

　取引先と自社、社内の関係性からみていきましょう。

1.取引先と自社とのコミュニケーションギャップの回避

　①受注ありきの営業

　②仕様書の斜め読み

　③双方で仕様調整ができていない

　④そもそも「対応できない」仕様

　上記のようなリスクを認識しながらも、受注していませんか？

　①、②については営業担当者が、引合い段階で精査することである程度解決できます。③については取引先との関係性が影響しますが、とても重要な問題です。力関係の強い取引先に対して要求を出すことは、難しい局面を伴うことがあります。しかし、時間をかけてでも仕様について要求を出せるよう、取引先と信頼関係を構築していかなければなりません。「あいまい」な仕様について、何があいまいなのか、どうすべきなのかを具体化していかなければなりません。そのためには極力、図面や仕様書などの文書で確認し、コミュニケーションギャップをなくすことが重要です。④は対応できない仕様ですから、受注を回避します。

2.営業部門と技術部門の連携強化

①顧客の意図を読み取る能力が不足

②社内のコミュニケーション連携不足

③仕様を顧客の要求よりも自社で都合の良い（作りやすい）ように解釈することに慣れてしまっている

　上記のような営業と技術部門間で情報共有ができていない状況では、あいまいな仕様を精査できず、正確なコストや納期を判断できません。その結果、見積りが甘くなり、無理な要求を引き受けてしまう場合があります。

　①、②はデータを整備することで解決できます。リピート品なら前回を参考に、新規製品なら過去に類似案件がないか、社内でデータとして蓄積し、全部門で共有し、アクセスできる状態にしておきます。③については、技術部門で顧客要求事項の精査を行い、実現方法を見極め、納期やコストを見積ります。一方で、極力、顧客の希望に沿った仕様、納期、価格を満たす設計・開発を行います。時には、顧客の要望に対して改善を行うことが必要になるかもしれません。

◆自社への応用、違い、まねできること、疑問点と質問など◆

解説10 | コミュニケーションを前提にあいまいさを回避

　「8.2製品及びサービスに関する要求事項」は営業活動に関する一連の事項が規定されています。「8.2.1顧客とのコミュニケーション」を行い、引合い段階で「8.2.2製品及びサービスに関する要求事項の明確化」及び「8.2.3.1製品及びサービスに関する要求事項のレビュー」で規定された具体的な5つの要求事項a）〜e）をレビューすることで、組織が受注できる能力があるかを確かめます。特に「a）顧客が規定した要求事項」では仕様書等の文書に必ず目を通し、差異や不明瞭な事項は解決することを求めています。このように顧客と営業担当者間で、密にコミュニケーションを取ることを前提に構成されています。

　また「8.3製品及びサービスの設計・開発」においては技術部門での一連の要求事項を述べています。ここでいう「設計・開発」は「対象に対する要求事項を、その対象に対するより詳細な要求事項に変換する一連のプロセス」と定義され、顧客の要求事項を具現化する取組みです。特に「8.3.3設計・開発へのインプット」ではa）〜e）の5点を設計・開発にあたっての要求事項として列挙しています。次の「8.3.4設計・開発の管理」においては、顧客要求事項が満たされているかについてレビュー、検証し、妥当性の確認が求められています。

- -

◆気付き、特に注意する箇条・番号など◆

ISO9001の認証を取得しても
品質は良くならない?!

　「ISO9001の認証を取得しても、やたら文書ばかり増えて手間がかかり、少しも品質が良くならない」という声をよく聞きます。いったいどう言うことでしょう?

　ISO9001には普通の会社として、あるべき組織の姿や行うべき活動の基本的なことが「要求事項」として書かれています。認証を受けるためには、その要求事項を満たすように、自分の会社の組織や活動の方法を決めていきます。ここでは背伸びをしたり理想的な形にしようとするのではなく、日ごろから行っている仕事のやり方などが要求事項を満たしているかどうかを確認しながら、不足しているところを補い、修正すればよいのです。審査に合格することばかりを気にして、できそうもないことや作れそうもない書類を作成することを決めると、後で実行が伴わなくなります。できるだけ今やっている仕事の方法や書類をそのまま生かすことを考えましょう。ISOのために仕事するのではなく、良い会社にするためにISOを活用するのです。

　そしてそれが実行できていることが確認できた段階で審査を受けて、合格すれば認証がもらえます。しかしこれはISO9001がスタートしたにすぎません。「要求事項」に従って、中期的な計画やその年度の目標、そしてそれを実現するための方法や責任者、スケジュールなどを決めたはずです。それを忠実に実行していき、計画通りに進んでいなければ、実行の手段や方法を見直しながら、目標の達成を目指します。そのような活動を進めていけば、品質だけでなく経営も良くなっていきます。

　従来の審査では活動の証拠が重視され、文書化と記録保持の要求が強かったため、残念ながらISOは文書が多く形骸化したシステムであるとの評価につながってしまいました。また、中小企業が自分の会社の規則を作るときに、取引先など大きな会社の規則を参考にしたり、審査員そのものも大会社出身の人が多くいたため、大会社と同じ仕組みを中小企業にも求めたことから、小さな企業には非常に手間がかかる厄介な規則となり、実行できないばかりか意味のないものになってしまいました。これらのことが「ISO9001の認証を取得しても、やたら文書ばかり増えて手間がかかり、少しも品質が良くならない」という風評を生み出しました。

　今ではISO9001を正しく理解し、会社をどんどん良くしていっている10人以下の小さな会社もたくさんあります。2015年にISO9001が改定されてからは、品質だけでなく会社全体のことも考えるようになりましたので、正しくISO9001を運用すれば品質は当然のこと、会社の経営も良くなります。

3. 業務プロセスの視点

あれもある…
これもある…

いそ、いそ、いそ、
忙しい。

Q11 | 見積り精度が悪い

社：また見積りが甘くて赤字受注になってしまった。どうしてそうなる
　　のかな。金額の大小はあるけれど、ここのところ毎月の様に起こっ
　　ている・・・。

診：社長、どうされたのですか?

社：いや、今年に入ってから何度も赤字になる様な注文を受けてしまっ
　　ているのだよ・・・。幸いにして今のところは会社の経営に影響を与
　　える様な大赤字は出ていないのだが、このまま放置するといつか大
　　きな損失が発生するかもしれなくて・・・。

診：それは大変じゃないですか! 具体的にはどの様な見積もり間違い
　　が起こっているのですか?

社：工程や作業内容、所要時間などの見積もりが甘いことが原因だよ。
　　しかも、過去に同様の受注が複数あるはずなのに、その時の経験が
　　まるっきり活かせていない・・・。みんなその時の失敗内容を個人的
　　にメモなどで記録を残しているはずなのだが・・・。

診：そうですか。過去の受注で得たはずの経験が活かせてないのは問題
　　ですね。そこを改善することができれば見積り精度も向上する様に
　　思いますよ。

- -

◆問題、課題、自社との比較など◆

A11 見積誤差の正確な把握と、変動要因を捉えていますか？

　見積書は取引先に「これだけの価値があります」と提示するものですが、案件毎に自社の採算性を確保しなければなりません。

1. まずは標準原価を決めましょう

　標準原価を設定するためには、過去の生産実績を統計的に分析し、自社の設備や技術力から生産能力を加味した、目標値となる当面の「標準原価」を設定することから始まります。この標準原価は必要に応じて改訂は行いますが、継続的に同一のものを使い続けることが原則となります。

　また、標準原価を設定する際には、必要となる材料、作業工数、設備稼働時間など各要素毎に目標値を定め、材料仕入あるいは加工に係る標準単価とします。製品の標準原価は、標準単価を部品構成表に従って積算して求めます。下図の様な部品表などを活用すると良いでしょう。

【図表11-01　部品表のイメージ図】

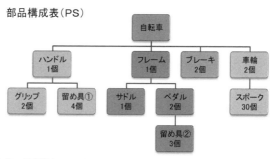

品目マスター（PN）

品番	品名	標準単価
101-00	ハンドル	1,500
102-00	フレーム	3,000
103-00	ブレーキ	1,500
104-00	車輪	2,000
101-10	グリップ	250
101-20	留め具①	250
102-10	サドル	2,500
102-21	ペダル	1,000
102-22	留め具②	500
104-10	スポーク	100

※標準単価：標準の材料仕入価格あるいは標準加工コスト

2. 見積原価を積算しましょう

　「見積原価」は顧客の注文に応じてその都度作る・使うものです。初期の見積もりでは、誤差が大きくても致し方ないと言えます。しかしながら、見積もりを重ねていくことで不確実な情報が減少し、最終的には受注した仕事の規模や内容が確定していくものです。

　そのため見積もり誤差の内容を如何に正しく把握し、変動要因としてコントロールしていくかが重要です。誤差があるにも関わらず、未確定事項を把握できていない状態での受注は、過少見積などの採算を欠いた受注につながる訳です。見積もりの誤差や不確実性は何も手を打たなければ時間が経っても減少することはありません。

　製品原価を見積もる際には、各要素毎の標準単価を部品構成に従って積算し、変動要因を加味して見積書に反映させましょう。

3. 見積原価と実際原価の比較・差異分析を行い、標準原価に反映

　見積原価と実際の原価を比較し、その蓄積した差異データを分析して標準原価を定期的に見直すアクションプランとして立案・実行することで見積精度を高めることができます。この様に標準原価を起点としたPDCAサイクルを回すことが重要です。

解説11 | 必要な知識を、いつでも利用可能な状態に維持・管理する

　今までは社内で何となく認識されている、あって当然と思われる「文書化していない知識や経験」を、必要な時にいつでも利用可能な状態に維持・管理することが重要です。過去の失敗や経験により得た知識を個人で保有するだけではなく、文書化し、組織全体の共有財産として適切に管理することで経営に活かせるのです。「7.1.6　組織の知識」において、以下の通りに規定しています。

　①組織の業種固有の技術的・専門的な知識

　②過去の成功や失敗事例から得られた教訓

　③個々人が経験的に持っている「ワザ」や「コツ」

　原価見積もりの手順や標準原価等を文書化あるいはデータベース化することで組織の知識にします。

　また、「9.1.3　分析及び評価」において、組織は監視及び測定により得られた適切なデータや情報を d) 計画が効果的に実施されたかどうか、g) QMSの改善の必要性を評価するために統計的手法などを用いて分析しなければならないと規定しています。

　見積原価と実際原価の差異分析・評価を通じて見積精度を高めていくことが重要です。

- -

◆気付き、特に注意する箇条・番号など◆

Q12 材料在庫が多い

社：現場に材料が溢れていて、通路が通りにくいのだよ。

診：倉庫に保管しないのですか？

社：倉庫も一杯でね。それに現場に置いてラインが止まらないようにし
　　たいからね。

診：どれくらい材料在庫を保管しているのですか？

社：およそ1ヶ月分くらいかな。

診：どうしてそんなに材料が要るのですか？

社：材料がなくてラインが止まることがよくあったから、材料が切れな
　　いように余分に置いておかないと心配でね。

診：生産計画通りに補充していけばいいのではないですか？

社：それが、生産計画通りに生産されないことが多いのだよ。

診：なぜですか？

社：取引先からの注文変更や特急注文が多くて、計画通り生産できない
　　ことが多いのだよ。

診：そうですか。変更に対応しつつ、なるべく在庫を持たないで済む方
　　法を考えなくてはいけませんね。

A12 需要変動に応じて目標在庫量をコントロール

　材料在庫を削減するには、以下のステップを踏むと良いでしょう。

1.実態調査と材料置き場の適正化

　まず、どこにどんな材料がどれだけ存在し、どれくらいの期間経過しているのかを確認します。そして要るモノと要らないモノを分けます。これは時間軸で判断します。モノにもよりますが、たとえば1年以上経過して陳腐化した（もう使うことがない）モノは不要品として廃棄します。

　残った材料は必要な材料ですから、適正な置き場に適正量を先入れ先出しで配置します。材料置き場は、仕入先から納入された材料を置く集中置き場と作業現場の2か所に絞るのが理想ですが、長納期材料やサイズの大きい材料は倉庫に保管します。作業現場には今日使う分だけを置き、一時保管棚のようなものは廃止しましょう。

2.目標在庫量の設定

　欠品を起こさない必要最低限の在庫を適正在庫と呼びます。変更注文や特急注文が多く、需要予測が困難な場合は、出荷量（消費量）の実績と在庫量の実績を基に適正在庫量を決定するとよいでしょう。在庫は需要の不確実性に対する緩衝の役割を果たします。そこで、品種毎に現場での消費スピードを考慮し、初期の緩衝量として目標在庫量を設定します。そして一定期間の消費量と在庫量を見ながら適正在庫量に収束させていきます。

【図表12-01　在庫コントロール】

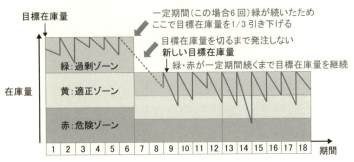

出典：「［決定版］在庫が減る！利益が上がる！会社が変わる！」を参考

3.目標在庫のコントロール

　目標在庫量を三等分し、上から緑、黄、赤のゾーンに色分けします。そして以下のロジックで目標在庫量を増減させます。

　①発注時点での実在庫量がどのゾーンにあるかチェックする。

　②緑または赤が一定期間継続する場合は、目標在庫量を1/3増減させる。

　③実在庫量が目標在庫量より少ない場合、その差を発注量とする。

　初期の目標在庫量、目標在庫量を増減させるためのしきい値（緑の連続回数、赤の連続回数）、目標在庫量を増減させる割合を事前に決めておく必要があります。目標在庫量をダイナミックに増減させながら発注日になるべく黄色ゾーンの状態となるように収束させていきます。需要の変動に対応して目標在庫量も変化しますので、季節変動や流行りすたりにも対応できることになります。

解説12　購買プロセスにおける発注・納入管理の適正化

「8.4外部から提供されるプロセス、製品及びサービスの管理」に、購入材料や外注品の管理について記載されています。「材料在庫が多い」という現象は、製造現場での材料在庫の把握に加えて、材料の発注と納入後の管理に関わり、「8.4.3外部提供者に対する情報」や「8.4.2管理の方式及び程度」についての取り組みが不十分と考えられます。

材料を調達する場合、外部提供者すなわち仕入先や外注先に対して、タイムリーに適切な発注情報を伝達する必要があります。「8.4.3外部提供者に対する情報」では、a）何を（発注品目）、b）どのような方法で（方法、プロセス、納期）、c）どのような人に（力量）、d）どんな管理体制で実施させ、e）どのように監視するかについて明確に伝達する必要があると記載されています。適正在庫になるよう、発注タイミングや発注量をコントロールしなければなりません。

「8.4.2管理の方式及び程度」では、外部から提供されるプロセスや製品が顧客に悪影響を及ぼさないようにするために、外部から提供されるプロセスも自社の管理範囲とし、納入時点の検証方法についても事前に決めておくことを求めています。顧客の事業に悪影響を及ぼさないように納期遵守を最優先に、適正な置き場で適正な量を保管管理し、生産ラインに供給することが重要です。

- -

◆気付き、特に注意する箇条・番号など◆

Q13　季節変動に対応できていない

社：今年はよく降ったね。

診：この頃は気候変動の影響が激しくなってきましたね。

診：ところで、社長、今日は珍しく工場の中が暇そうですね。

社：今月は仕事がなく困っているのだよ。原因の一つが、建設関連に対
　　する役所の発注が大幅に遅れているからだよ。

診：季節変動が大きいと、売上が大きい時期には、人・機械・倉庫等を
　　増強する必要があるのに対して、売上が落ち込む時期には、人・機
　　械・倉庫等が余ります。

社：そのとおり。今は最低の設備、社員でやっているよ。必要なときだ
　　け外部調達している。

診：社長、ところで、年度目標の実施計画の策定の際に、年度目標が達
　　成できない場合のことも計画していますか。

社：なかなか思うようにいかないのだよ。いずれにしても、目標に届か
　　ないときの売り上げ増の対策を教えてくれないかな。

◆問題、課題、自社との比較など◆

A13 年計グラフで即座に傾向を把握し、用途拡大策を図る

1.季節変動の要因

　一つは、天候や気候などの自然条件は、経済活動に直接影響を与えます。清涼飲料水やビールなどは夏に生産量や売上高が増加します。二つは暦の要因で、月による日数や休日の違いによる影響です。年末年始、ゴールデンウィーク、お盆などの休日が続く月や2月などは他の月より工場の稼働日数が少なく生産が減少します。三つは制度・習慣からの影響で、7月、12月には、中元、歳暮の習慣があるほか、ボーナス支給と重なるため、消費、生産や売上も増加します。

2.知的資産を活用した季節変動対策

　商品特性により季節変動が大きい場合には、社内の知的資産を洗い出し、商品の用途の拡大策、提案方法を検討することで、全員営業で売り上げを増やす方法を考え、乗り切りましょう！

①季節変動がある商品の季節変動を少なくします。用途を変えることで、商品が売れる環境を推進し、一年中売れるような商品を開発します。

②売上が落ち込む時期には、他の商品を販売します。

③閑散期には、営業部が設計・開発と同行営業をして技術的な説明をする、ヒヤリングをして新たなニーズを掘り起こす。他に社内の独自技術を伸ばせるように産学連携を行う。

④関連するサービス（仕事）、顧客が困っている仕事、期待していることを当社でできないかを検討します。

　例えば、製品納入に関しても、従来通りで良いのか。当社が納めた後、その製品をどのように組み込んでいるのか、どうしたら、もっと仕

事がしやすくなるか、生産性が向上するか納入方法の改善提案をできることが有効です。さらに顧客の現場・状態をよく調べ、顧客が困っている解決策を提案することです。

3.年計グラフによる傾向把握

　経営者がご自分で年計グラフを作成されると、売上が良くなっているのか、悪くなっているのか、その変化がよくわかるようになります。経営コンサルタントの一倉定氏が指導した方法で、年計とは、毎月の収益の推移を比較するのではなく、その月以前1年間の収益の合計額を集計して、過去1年間の収益ベースでどのように実績が推移しているかを把握するものです。

　これは、例えば、「10月の年計収益＝前年11月～当年10月の収益の合計」「11月の年計収益＝前年12月～当年11月の収益の合計」などと集計していきます。1年間の集計なので、季節変動や特殊要因の増減があっても、グラフは緩やかに変動していきます。

◆自社への応用、違い、まねできること、疑問点と質問など◆

解説13 ｜ 季節変動の「リスクに備える、機会を生かす」

　ほとんどの企業は大なり小なり売り上げに季節変動があります。

　その影響が業績低下につながる傾向であればリスクです。良い方向に向かっているのであればビジネスチャンス（機会）です。目標を実現するために必要な実施計画策定時に、リスクと機会についても考慮する必要があります。「6.1リスク及び機会への取組み」が参考になります。

　気にはなっているが、「そのまま放っておくと良くない」のがリスクで、「そのまま放っておくと惜しい」のが機会です。

　「社内外の状況、利害関係者のニーズや期待から生じる課題」について、そのまま放っておくと「良くないことや惜しいこと」も好ましくありません。これらの「良くないことや惜しいこと」について、経営層を交えてのミーティングなどで検討し、洗い出しを行います。社内で共有することが大切です。

　またこのような活動を、通常の仕事の中に組み入れて計画します。対策や活動がうまくできたかを必ず確かめます。リスクへの対策や機会を生かす活動は、予想される問題の大きさや、得られるメリットに見合ったレベルで実施すると効果的です。

- -
◆気付き、特に注意する箇条・番号など◆

Q14 工程内不良が多い

診：大人数で選別作業をしていましたね？

社：最終検査で形状寸法の規格外れが見つかって、昨日と今日のロット
　　に不良が混じっている可能性があると分かったのだよ。

診：最終検査で見つかって良かったですね。客先に流出したことは？

社：恥ずかしいがまれにある。クレームを受けたこともある。最終検査
　　はしっかりやっているつもりなのだが。

診：今回の問題の原因は分かっているのですか？

社：納期が迫っているのでまず選別に集中している。その後で原因調査
　　をする。大抵の場合、工程での不良が見つかる。

診：工程内では検査をしていないのですか？

社：金型の取り付け時などに確認するよう言っているのだが、具体的な
　　やり方は作業者に任せているのが現状だ。結構な数、工程内でも不
　　良が出ているのだが、部品毎やロット毎の工程内不良のデータ等は
　　把握できていない。

診：工程内不良が多いのは問題がありそうですね。工程を安定させる必
　　要がありますね。

A14 | 工程内不良に対する対応の考え方

　工程内不良の主な発生原因として工程が安定していないことがあるので、その対策方法を説明して、工程能力と取引先の要求する規格との関係について補足します。

1.工程が安定しない

　工程が安定してない場合、QCストーリーに沿った形で考えてみると良いです。

①現状把握：管理図、ヒストグラム、散布図、パレート図を用いて、現象を数値的に捉えます。状況の整理、共有に役立ちます。

②原因分析：なぜなぜを繰り返し発生原因を分析します。4M（マン、マシン、マテリアル、メソード）や環境条件、測定・検査方法等様々な視点で検討します。特性要因図を活用すると考えやすいでしょう。

③対策検討：考えられる原因に対して対策を検討します。原因分析と対策検討には担当する者だけでなく、他の経験の豊富な者にも加わってもらい知恵を結集します。ブレインストーミングで良いアイデアが得られる事も多いです。ロジックツリーや系統図は多くのアイデアから考えを絞り込むことができます。

　最終検査に頼らず、工程内検査の検討も必要になるでしょう。ロット処理前、処理中、処理後等、検査のタイミングや、検査方法、合否判定基準を検討します。

④対策の実施：同様の問題が起こり得る別の工程や装置、材料、作業者、外注先などに対しても、必要な対策を展開していかなければなりません。

⑤効果の確認：対策によって工程がどのように安定したか管理図を用いて効果を確認します。

⑥標準化：効果の確認後、QC工程図や作業手順書等を見直します。

2.取引先の要求する仕様や精度と工程能力にギャップがある場合

　工程を安定化する工夫を十分に実施しても、その加工方法や、使用する設備・装置・金型・冶具、検査する方法や装置・道具などが、取引先が求める仕様や寸法精度を十分に満たす能力を持っていないケースも考えられます。そのため採用している工程の能力が十分かどうかを検討、確認しなければなりません。

　対応策としては、より高精度な設備・装置の導入、工程の工夫、検査でのスクリーニング強化等、様々な方法が考えられます。

　問題が起きてからではなく生産前に検討、確認することが重要です。製作の困難度は歩留まり（品質とコスト）、加工時間（コストと納期）に影響を与えるだけでなく、価格にも影響します。

◆自社への応用、違い、まねできること、疑問点と質問など◆

解説14 | 工程能力の管理と取引先の要求レベルとの整合性の確認

1.工程が安定していない場合の解決方法

　「8.6製品及びサービスのリリース」が参考になります。「適切な段階において、計画した取り決めを実施しなければならない」と記載されており、「適切な段階」とは「受入」、「工程内」、「最終」、「出荷」などのことで、それぞれの段階で顧客要求事項を満たしていることを検証する必要があります。

　不良が発生すれば「8.7不適合なアウトプットの管理」に従って識別を行い、混入防止や記録等が必要になります。「8.5.2識別及びトレーサビリティ」にもヒントがあります。工程不良の原因分析と対策の考え方は、「10.2不適合及び是正処置」に記載されています。

2.取引先からの要求仕様・精度と工程能力にギャップがある場合

　これは本来、工程設計の段階で考慮されるべき問題です。ISOでは工程の設計も設計・開発の対象と考えられており、「8.3.5の設計・開発からのアウトプット」が参考になります。「a）インプットで与えられた要求事項」で言うインプットとは取引先から求められている仕様や精度と考えられます。（工程設計の）アウトプットとは、使用する加工方法や装置・冶具、検査のやり方、検査装置等を意味します。設計した工程は、適切に取引先の要求仕様・精度を満たし、検査方法を必要に応じて定め、文書化した情報を保持することが求められています。

◆気付き、特に注意する箇条・番号など◆

Q15　市場で不良が発生する

社：自社で新製品を開発し、いくつかの取引先に納品したのだが、なかなか品質が安定しなくてね。

診：工場で合格したものを出荷しているのですよね。

社：もちろん工場の最終検査で合格した製品のみを納品しているのだが、いくつかの取引先のところでは、数ヶ月間使ってもらうと不具合が発生するということがよくあるのだ。

診：工場内での品質は安定していますか?

社：既存の製品より不良率は高いな。不良品は都度原因を調べて対応しているのだけど、新たな問題が次々と現れてなかなか安定しない。

診：そうですか。モグラたたきになっていますね。根本的な原因がつかめていないのかもしれません。

社：いろんな要因に対処しているのだが、バラツキが収まらない。もちろん不良が発生していない取引先もいるのだよ。だけど使用条件を狭めては取引先に納得してもらえないよ。

診：製品の完成度がまだ取引先にリリースできるレベルに到達していないのかもしれませんね。

社：そうか。どうすればいいのかな。

診：設計品質を高める必要がありますね。

◆問題、課題、自社との比較など◆

A15 | 設計品質を高める

　今回、取引先のところでは数ヶ月間使ってもらうと不具合が発生しています。最初は基準値内（合格値圏内）に入っていても、時間が経てば基準値から外れるという現象です。通常、設計段階では信頼性確保のために、試作品で耐久テストを行います。耐久テストで評価した後に設計パラメータを見直し、製造条件を検討して決定し、量産します。製品の耐久テストは、非常に手間と時間がかかるので工場の検査では通常実施しません。ましてや全数耐久テストを実施しては、製品を出荷できません。つまり、製品の安定性・信頼性（耐久性）については、設計開発部門が責任を負わなければなりません。

　品質には、設計開発が行う「設計品質」（狙いの品質）と、工場が作りこむ「製造品質」（出来栄えの品質）があります。安定性・信頼性の高い設計品質を確保した上で、製造条件を定め、工場での検査基準を決めることで、市場で発生する不具合を削減できます。

　設計品質を高めるには、市場での誤差要因（ばらつき）を想定した劣悪な条件で、できるだけ少ない工数、サンプル数でテストを実施する必要があります。こうした課題を解決する有効な方法の一つにタグチメソッド（品質工学）があります。

　タグチメソッドでは、品質に影響を与える誤差要因一つ一つに極端な条件を設定して、その組み合わせでテスト回数を決めます。極端に意地悪な条件で実施しますから、一つの組み合わせに対してサンプル数（繰り返し数）は1回で十分です。例えば、塗料に使用する色の三原色の変色状況を見る場合を想定します。それぞれの原色について極端に高い温度・湿度と極端に低い温度・湿度で信頼性試験を実施します。この組み合わせがすべて合格であれば、すべての温度・湿度で合格すると考えら

【図表15-01　品質をつくり込む全体像】

出典『続・技術者の意地　品質工学と品質管理の融合』

れるからです。

　タグチメソッドを用いると、限られたパターンだけ試験をすればよいので、従来の信頼性試験と比較してコストと時間を抑えられます。市場での「誤差要因」が大きくても、機能の安定性を確保しつつ顧客要件を満たすアウトプットが得られる「制御要因」（設計パラメータ、製造条件）を見つけることが、設計品質を高めることにつながります（図表15-01）。

◆自社への応用、違い、まねできること、疑問点と質問など◆

解説15 | 設計・開発での「検証活動」で設計品質を高める

　市場導入当初は非常に品質が高くても、耐用年数に至らない途中で不具合が発生する現象は、「4.2利害関係者のニーズ及び期待」を満たしているとは言えません。「9.1.2顧客満足」の顧客満足が得られていないとして、不適合と判断します。

　市場での不適合品に対して、「10.2不適合及び是正処置」に記載されている取り組みを実施します。しかし、今回のケースでは製造部門で原因を究明し、是正処置を実施することは困難です。設計開発部門に戻して原因究明を行う必要があります。

　「8.7不適合なアウトプットの管理」の「不適合なアウトプット」には、設計プロセスからの不適合アウトプットも含まれます。「8.3.4設計・開発の管理」に「c）設計・開発からのアウトプットが、インプットの要求事項を満たすことを確実にするために、検証活動を行う。」と記載されています。この「検証活動」は設計品質を高めるためのテスト（機能性評価）と考えられます。機能性評価をしっかり行って、顧客要求事項を満たす、「8.3.5設計・開発からのアウトプット」が得られるように、「8.3.6設計・開発の変更」を実施することが重要です。

Q16 設備が老朽化し効率が悪い

診：社長、相変わらず忙しそうですね。

社：いや～、また機械が止まったって右往左往しているから、修繕する
のを手伝っていただけだよ。現場からも作業効率が悪いからなんと
かして欲しいと言われ続けているのだよ。

診：そうでしたか、それは大変でしたね。ところで、修繕の計画や、入
れ替えの判断などはどうされているのですか。

社：修繕の計画なんて作成したことないよ。故障したら修繕しないと仕
事にならないからね。入れ替えの計画も作成したことないかな。機
械屋さんが作ってくれた見積書を銀行さんに見せて融資がでれば発
注するだけだよ。まあ、返済できるかどうかぐらいはチェックして
いるけどね。

診：大企業のように専門部署で難しい経済性計算までしてから投資判断
をする必要はないと思いますが、計画的な修繕や入れ替えの判断が
できた方がいいと思いませんか。

社：そりゃぁ、いいと思うけど、難しそうだね。何か簡単な方法でもあ
るのかな。あるのなら教えてよ。

診：はい、わかりました。

A16 判断基準を作りましょう

　まず始めに考えることは、その機械を保有し続ける必要があるのかということです。その機械を廃棄し、他の機械で作業できないか、稼働率を調べます。後から導入した機械の方が生産性も高いことが多いです。機械ごとに個別の生産性を考えることも大切ですが、会社としての全体最適を考えましょう。

　次に、保有し続ける場合には、しっかりと清掃活動を実施しましょう。オペレーター自身が、油漏れがないか、錆や不具合がないかを確認しながら清掃します。日々清掃することでちょっとした変化に気づきやすくなります。

　劣化や異常の兆候を早期に発見するための検査項目一覧表を作成します。この一覧表をチェックシートとして、始業前や作業前など定期的に検査を実施します。これを保守点検と言います。異常の兆候を発見した場合は計画的に手入れや修繕を実施します。そして、修繕記録からどの機械のどの部品がどのくらいの間隔で故障しているかを調べます。修繕記録がない場合は、修理業者の請求書などから修繕記録を作成することで対応可能です。ある程度決まった間隔で修繕している部品については機械が止まる前に予防的に修繕します。これを予防保全と言います。また、機械の再起動で改善される場合は、機械の清掃を実施することで解決する場合もあります。

　機械の停止が頻発するような場合は、分解清掃が必要かもしれません。別途費用が発生するかもしれませんが、毎期予算化して計画的に保守・保全することで大切な機械の突発的な停止を減らすことができるようになります。機械の安定稼働は事故の未然防止や機械の延命化そして品質の向上にもつながります。

　最後に、投資判断についてですが、社長がされているように、返済が可能かどうかで判断するだけでなく、設備投資でキャッシュフローをどれだけ生み出せるかを考えるべきです。

　例えば、設備投資による生産性の向上でどれだけコストダウンが可能か（キャッシュアウト削減）、どれだけ生産数量や販売数量が積み増し可能か（キャッシュイン増加）を考慮して手元に残る現金をどれだけ増やせるか（キャッシュフロー増加）を考えます。

　一般的な投資判断方法として次のような計算方法があります。

①ペイバック（回収期間）法とは、投資金額が投資により生み出される収益何年分で回収できるかを求め耐用年数と比較する方法。

②正味現在価値（NPV）法とは、投資により生み出される将来の価値を現在の価値に換算し投資金額と比較する方法。

　NPV法などは計算方法が難しく中小企業で導入しているところは多くありませんでしたが、エクセルでNPV関数として簡単に計算できるようになり、活用している企業は増えています。

- -

◆自社への応用、違い、まねできること、疑問点と質問など◆

解説16 劣化や老朽化への対応は計画的な保守・保全から

　大切な機械が止まってしまっては、手直し作業で生産性の低下だけでなく、納期遅延や不良品を出してしまったりする可能性があります。最悪の場合には失注してしまうこともあります。

　「6.1.1c）望ましくない影響を防止又は低減する。」など「6.1.1 取り組む必要があるリスク及び機会を決定し」、「7.1.3 必要なインフラストラクチャを明確にし、提供し、維持し」、「5.1.1 必要な資源が利用可能である事を確実にする」必要があります。

　故障発生の都度、修繕を行う事後保全によるデメリット

　　①機械が突発的に停止します。

　　②停止時間が長くなります。

　　③不意に修繕費用が発生します。

　計画的に実施する予防保全によるメリット

　　①突発的な停止を減らせます。

　　②停止時間を最短にできます。

　　③品質を安定化できます。

　　④修繕費用を平準化できます。

　　⑤機械の延命化が図れます。

　機械の重要性や使用頻度により事後保全と予防保全を使い分けて最適化することで生産性を向上させて収益拡大を目指してください。

Q17　製造現場が乱雑である（整理・整頓・清掃ができていない）

診：今日は大掃除ですか？

社：現場がとても乱雑なので2〜3ヶ月に一度やることにしているのだ。でもきれいな状態を維持するのは難しい。

診：5Sに取り組んだことはあるのですか？

社：ええ、初めはやり方も分からなかったので、勉強会をやったり、研修を受けにいったりしてみたが、どこまでやればいいのか分からず、なかなか徹底してやることができなかった。

診：どのように活動を進めていくか悩んでしまいますよね。

社：5Sの専門家にも来てもらって指導を受けたりしたが、その時はきれいになっても、その人がいなくなってしばらくすると、また元に戻ってしまうのだよ。

診：それでは困りますね。

社：続ける習慣を身につけないとだめだと思っているのだが。

診：そうですね。どのように活動を続けていけばいいのかを、自分たちで考えながら、5Sを続けるしくみを考える必要がありそうですね。

A17 課題を解決するために5Sをやるという意識付けが必要です

5Sの活動を継続させるには次の様に考えると良いでしょう。

1. なんのために5Sをやるのか考える

5Sとは、5つの活動の頭文字をとったものです。

①整理：要るものと要らないものに区別し、要らないものを処分する

②整頓：要るものを使いやすい場所に使いやすいように置く

③清掃：身の回りをきれいにして、いつでも使えるようにする

④清潔：整理・整頓・清掃を維持して、きれいな状態を保つ

⑤躾：決めたルールを守り、習慣化する

5Sは単に職場をきれいにするだけの活動ではありません。これを理解できないと、単に5Sを続けることが目的化してしまい、現場作業が忙しいのに余分なことをやらないといけないと思ってしまいます。現場の優先課題を解決する例をQCDS毎に見てみます。

Q 不良削減：異物混入防止なら、③清掃、④清潔、標準化した作業、
　　　　　　　ポカミス防止には、⑤躾

C コスト削減：在庫削減には、①整理、②整頓

D 納期短縮：作業効率化（歩く・探すロス）には、①整理、②整頓、
　　　　　　　設備のチョコ停防止には、③清掃（点検）

S 安全確保：職場の安全確保には、①整理

このように、現場の課題を解決するには5Sは欠かせません。5Sを続けることで安全に仕事が捗り、納期が守れ、品質が向上し、コストも削減できる、だから5Sを続けようという意識が大切です。

2.経営者のリーダーシップと従業員の育成が重要である

　専門家に言われた通りにするだけでは、自ら活動を続けるような知識や能力はなかなか身につきません。自ら考えて工夫する、皆で考えて作ったルールをきちんと守るということを習慣化するには、目的の意識付けと共に、自ら考えるやり方を学ぶことが重要です。経営者自ら、現場に落ちているゴミを拾ったり、整理・整頓のやり方を従業員と相談したり工夫すれば、社員も自ずと協力します。

3.活動のPDCAを回すことでマンネリ化を防ぐ

　製造現場での課題の解決を目的にしているので、その効果は具体的な目標として設定（P）できます。現場でアイデアを出しながら活動（D）します。通路や休憩室に掲示板を作って活動状況を共有したり、現場に5S担当者の写真や活動を掲示したりするのも責任感を高める効果があります。定期的に効果を確認（C）して、改善策を検討（A）します。5Sのルールが守られていない時、「今後は気をつける」、「必ずやるようにする」と言ってそのままにせず、守られていない理由を追求します。守れない人に責任を押し付けるのではなく、どうして守れないかを、「なぜ」、「なぜ」で考えることが「守れるルール」を生み出すコツです。

- -

◆自社への応用、違い、まねできること、疑問点と質問など◆

解説17　課題解決の道具として5Sを位置付ける

　ISOの規格では、5S自体については書かれていません。しかし、「7.1.4プロセスの運用に関する環境」には働きやすさや製品・サービスの特長に影響を及ぼし得る環境要因を適切に管理すべきと記載されており、①整理、②整頓、③清掃の重要性が窺い知れます。

　また「8.5.1製造及びサービス提供の管理」におけるg）ヒューマンエラーの防止の対策を考えれば、⑤躾の必要性が出てきます。

　ISOは規格全体を通じてPDCAを求めています。特に「4.4.1品質マネジメントシステム及びそのプロセス」では、それぞれの活動（プロセス）がつながり、PDCAサイクルを構成することを求めています。5Sを現場改善に活かすにはPDCAが有効です。経営者のリーダーシップに関しては「5.1.1リーダーシップ」、従業員の教育や育成に関しては「7.2力量」に記載があります。

　このように5Sは、目標を設定し、どのように実現するか工夫する、決めたことを守る、効果を把握して改善を継続する、PDCAを回しながら続けていく「マネジメントシステム」と考えられます。

　5Sを継続できる組織は、ISOのマネジメントシステムも違和感なく導入できる下地ができていると言えるのではないでしょうか。

- -

◆気付き、特に注意する箇条・番号など◆

Q18　外注管理ができていない

診：社長、汗一杯ですが、どうされました。

社：先生、先ほどやっと自社での最終仕上げ工程が終わって、荷物を積込んだところで、私も手伝ってました。

診：また外注先の納期遅れですか。この前もありましたね。

社：お察しの通り。今回も外注さんの製造ミスが原因で不良品が発生し納期がギリギリになったと言うこと‼

診：しかし社長。いつも外注さんで納期遅れが発生するのは、御社に問題がある可能性も高いですよ。

社：そんなことはないですよ、絶対‼　大体、外注さんはもっと頑張ってもらわなくては‥‥

診：まあまあ、社長、少し落ち着いて。

社：うーん、確かに急な発注や仕様の変更など、外注さんにはついついムリを掛けているなあ‥‥

診：まず、御社の希望納期、支給資材の手配状況、仕様変更の回数など御社側の事情と、納期遅れの実態を正確に把握しましょう。それをしないと、単に発注者の立場を利用した強引な取引になりますよ。

社：確かに、言われるとそうだなあ。一緒に調査してくれますか。

◆問題、課題、自社との比較など◆

_____

_____

_____

_____

A18 | なぜ、外注を利用するのか

1.考え方の出発点

外注を利用する主な理由は、

①技術や設備の制約から、自社では加工できない

②一時的、または恒常的に不足する生産能力を補う

③自社の加工費よりも外注費の方が安い

④急な数量や納期の変更への対応

等でしょう。その場合、納期、品質、価格（外注費）が管理のポイントとなります。この中で外注先とよく問題となるのは、まず納期、次が品質です。なお、外注先の「納期が遅い」ことと「納期が遅れる」ことは異なります。この事例は、納期が遅れる場合です。

2.問題の発生とその原因

①納期の場合

　一般的に納期遅れの原因としては、発注側がもともとムリな納期を押しつけた、支給材料が遅れた、仕様を急に変えた等によって、結果的に納期遅れになる場合が多いようです。

②品質の場合

　この会社の場合も顧客や自社の品質要求水準と外注先の技術水準を冷静に比較してからの発注なら、問題にはならなかったはずです。つまり自社と外注先との間の品質基準は明確ですか？ さらに、外注先の品質に関する感度や自覚度、つまり自己管理能力も大きく影響します。

　顧客はその外注先の能力を含めて当社の技術力、管理能力を評価します。

3.外注先の自己管理能力

　外注先が当社と同程度、またはより小規模の場合は、もともと工程や品質、納期等への自己管理能力が乏しい場合が多いと思われます。この場合、外注先を指導してこれらの能力の向上を図る事となりますが、専門家に指導を委託することも可能です。

4.コミュニケーション

　発注側が支給材料の納期、仕様の明細やその変更等の必要な情報を正確に伝達し、指示していなかった事もよくあります。付き合いが長いので、担当者同士でなんとなく言ったつもり、分かったつもりになっていたのかも知れません。

5.外注先の評価

　外注先は基本的に弱い立場ですから、いろいろと配慮するとともに、その能力を上手に使うために定期的にその能力を評価することも必要となります。評価は技術、納期、価格、対応力等に点数をつけて客観的に行うと同時に、問題点の解決を要求し指導も行います。このような評価作業は定期的に、または随時行います。

　評価の結果によっては指導を強化することになりますが、別の外注先を探しておいて、場合によって外注先を入れ換えることになります。

◆自社への応用、違い、まねできること、疑問点と質問など◆

解説18 | 外注先を適切に、評価、選択、監視、再評価する

　ISO9001では、外注先を材料や部材の納入者と定義するとともに、自社に不足する経営資源を供給してくれる者（利害関係者）として、非常に重視しています。一心同体ということです。この外注先に問題が多い場合は、まず「4.1外部の課題」に従って、問題点（課題）を具体的に整理することから始めます。

　外注先の管理方法は、「8.4外部から提供されるプロセス、製品及びサービスの管理」にまとめてあります。その中の「8.4.1一般」では、外注先の評価の実施や評価基準の作成を要求しています。

　「8.4.2管理方法及び程度」では、外注先の能力が自社の「能力に悪影響を及ぼさない」ようにするために、外注先は自社の管理下において、経営と製品の両面で管理すること、外注先の工程を検証すること等を要求しています。

　外注管理のための有益な要求事項の例として、「8.2.4顧客及びサービスに関する要求事項の変更」では、まず外注先に変更内容を文書で連絡することを要求し、さらに「8.4.3外部提供者に対する情報」には、連絡すべき項目を列記してあります。

　ただ最終的には、「7.4コミュニケーション」の要求事項に基づいて、必要な連絡を確実に取り合い、認識のギャップを生まないようにすることが重要です。

Q19　残業が多い

診：社長の会社は毎日遅くまで灯りがついていますね？

社：常に納期に追われている。急な注文や納期変更の依頼もある。取引
　　先の希望は断らない。どうやったらできるか考えることをモットー
　　にしてきたので、計画的な生産は難しいのだよ。

診：何か生産管理か人員管理を工夫されていますか？

社：特に無いよ。忙しい時はとにかく皆でがんばる姿勢だ。

診：一時的であればそれでいいでしょうが、常態化しているのであれば
　　問題がありますね。

社：どのような判断をしたらいいのだろうか。

診：残業が必要な真の原因を分析されたことはありますか？

社：いや、ある程度残業があるのは仕方ないと思っていたよ。

診：経営資源が足りないのか、それは人か設備・装置か、生産計画や生
　　産管理のやり方を工夫すれば、もっとゆとりができるのか、業務プ
　　ロセスを見直して生産性を高めることはできるか、などの検討をし
　　てみると面白い発見があるかも知れませんね。急な納期の要望に
　　もっとうまく応える「強み」の強化ができるかも知れません。

A19 | 残業が多いことの原因分析と対策検討から

　常態化する長時間の残業はデメリットばかりです。漫然と残業することで業務のムリ・ムラ・ムダに気付かない、効率良く仕事を終えようという改善の意識が薄れる、精神的・肉体的に疲れることで集中力が低下する、ミスが増える、仕事をこなすスピードが落ちる等だけでなく、ワークライフバランスも崩れていきます。

　ノー残業デーを作る、定時で消灯する、上司の承認が無いと残業できないルールにすることなどで、一時的には効果があるかも知れません。しかし根本的な原因に手を付けないと、積み残した仕事が増えるので、しばらくするとまた元の状態に戻ってしまいます。

　よくある状況だと思いますが、個々の意識や心がけに期待するだけではなく、残業が多い理由を分析し、解決策を検討し、実施することが必要です。まずは、「残業が多い」という現象を分析することから始めてみましょう。①特定の人や部署に片寄って残業が多いのか、②全体的に残業が多いのか、どちらのパターンでしょうか。

　①の特定の人・部署に片寄るのであれば、どこかにボトルネックとなる業務があると考えられます。どこがボトルネックとなっているかを突き止めれば、その解消が解決策となります。

　②のように全体的に残業が多いということであれば、業務の生産性が低いと考えられます。ムダな作業を見つけ、見直すことで作業の効率化を図ります。

　このような対策を進めてもまだ残業が減らないということであれば、元々経営資源が不足していると考えられます。人を増やす案も有り得ますが、設備導入やITの導入等を通じて生産性向上を図ることが対策となります。

　業務のやり方を見直す際に、特定の部門だけを考えていると会社全体としての生産性が向上しないことがあります。それを避けるために、各部署からメンバーを集めて業務のやり方のどこに課題があるのか、原因分析と対策検討をしてみましょう。その結果、生産計画の立て方に問題があることが判ったり、進捗や完成見込みを把握するのに人手がかかっていたり、急ぎのロットを入れた時の影響を見るのに手間がかかったり等、色々な課題が見えてきます。それではこうやって調整をしよう、営業はもっと取引先の要望を早めにキャッチできるようにしよう、将来的にはこんな生産管理システムを導入しよう、シフト勤務を組んだらどうか、超短納期専用にラインを一本設けようなど、様々な改善策が出てくる可能性があります。業務改善を行うことで、残業を減らすのが最善の策です。

◆自社への応用、違い、まねできること、疑問点と質問など◆

解説19 | 経営資源の適切な割り当てと生産性の向上

　残業の多い原因として経営資源の不足と生産性の低さという2つの大きな要素がありました。

　経営資源の割り当てについては、「7.1資源」の中の「7.1.2人々」「7.1.3インフラストラクチャ」がヒントになります。そして、これらの資源は「プロセスの運用に必要な」ということですから、業務プロセスと無関係ではありません。業務プロセスにムダが無く効率的であることを確認し、適切な資源を明確にして提供することが必要です。また人に関しては、「7.2力量」に記載されているように、各人の力量に応じた適正配置と教育・訓練が重要です。

　生産性の向上については、「8.1運用の計画及び管理」が参考になります。（a）明確な要求事項を満足させるために最適な（b）業務プロセスを考え、その業務プロセスに必要な経営資源を割り当てます。

　残業が常態化している業務の生産性が低い状態は、業務パフォーマンス達成に対するリスク、あるいは改善の機会と考えられます。「4.1」内部・外部の課題を明確にして、「4.2」利害関係者の要求事項を満足させるための「6.1」リスクと改善の機会にどう対応できるかを検討し、計画を策定することが求められています。また原因分析と対策検討については「10.2不適合及び是正処置」がヒントになります。

- -

◆気付き、特に注意する箇条・番号など◆

Q20 ITの活用方法がわからない

診：社長、今日はどんなご用ですか?

社：パソコンはあまり得意じゃなくて、ITの活用っていわれてもどこ
　　から手をつけていいのかわからなくてねぇ。

診：今はパソコンをどんなことに使われていますか。

社：エクセルに売上を入力して、請求書を発行しているよ。
　　それと、注文を入力して納期や予定を管理している。

診：今の使い方で、何か不便に感じていることやこんな風になればいい
　　のにと思うことはありますか。

社：請求書の発行は、取引先が増えてきて手間が掛かるようになってき
　　たことかな。納期の管理では、急ぎ仕事の話があった時に受けられ
　　るかの判断が難しいよ。昔はなんでもかんでも残業で対応していた
　　が、今はそうはいかないからね。
　　売上や注文を入力して、ボタンを押すだけで「はい、OK!」なん
　　てことができるかな。

診：そうですね、エクセルによる管理の限界かもしれません。業務パッ
　　ケージの導入などを考えた方が良いのかもしれません。
　　一般的な手順や気を付けるべき点についてお話ししましょう。

A20 ｜ システムを導入する目的をしっかり決めましょう

　IT投資の成功要因として「IT投資の効果を得るために有意であった取り組み」が、中小企業庁が毎年発行している「中小企業白書（2016年版）」に記載されています。

①IT導入に併せた業務プロセス・社内ルールの見直し

②IT導入の目的・ビジョンの明示

③IT導入に対しての各事業部門、従業員からの声の収集

④IT導入に向けての計画策定

⑤IT・業務改善等についての社員教育・研修の実施

　これは順序こそ違いますが、システム導入の手順そのものです。

　まず始めに、現状を分析し、システムを導入する目的、すなわち解決したい経営課題を明確にします。経営課題とは、客観的な事実に基づく

【図表20-01　高収益、低収益別に見たIT投資の効果を得るために有意であった取組の実施状況】

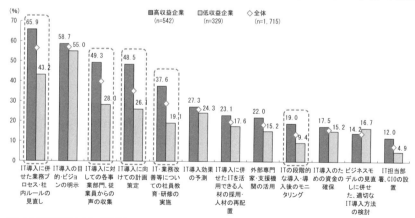

資料：中小企業庁委託「中小企業の成長と投資行動に関するアンケート調査」（2015年12月、（株）帝国データバンク）
(注)　1. IT投資を行っている企業を集計している。
　　　2. 複数回答のため、合計は 必ずしも 100%にはならない。

出典：中小企業庁「中小企業白書（2016年版）」

現状と目指すべき理想とする経営状態とのギャップのことです。この目的を達成するために何を変えるのか、何を変えないのかを各事業部門や従業員と一緒に議論し、業務プロセスや社内ルールを見直します。この時、各業務プロセスを個別に最適化することも重要ですが、会社としての全体最適を目指すことの方が大切です。

　次に、会社の概要（売上高・従業員数・社歴など）、現在の導入システム概要（構成や導入時期など）、提案依頼項目（趣旨・内容・機能要件、性能要件など）を記載した提案依頼書（RFP）を作成し、複数のITベンダーに提案を依頼します。

　ITベンダーからの提案書を吟味し、自社の課題を解決できる適合部分（フィット）と解決できない乖離部分（ギャップ）を分析します。カスタマイズでの対応が多い提案は要注意です。

　業務改善、システムの導入目的、導入計画を発表し、各事業部門や従業員に協力を求めます。データの移行準備や教育体制の整備も忘れてはいけません。

　システム導入は目的ではなく、経営課題解決のための手段です。それだけでは十分な効果を発揮しません。業務プロセスの見直しと並行して考えることが大切です。

◆自社への応用、違い、まねできること、疑問点と質問など◆

解説20　システムの導入は業務改善とともに

　システムは、正しく運用できるように設計する"確立"、決定したとおりに運用する"実施"、継続的に目標を達成する"維持"、状況変化に応じて改善していく"継続的改善"により構築され運用される必要があります。業務プロセスの分析の際には、「4.4品質マネジメントシステム及びそのプロセス」が参考になります。特に以下の3つが有効です。

　「4.4.1a）これらのプロセスに必要なインプット, 及びこれらのプロセスから期待されるアウトプットを明確にする。」

　「4.4.1b）これらのプロセスの順序及び相互作用を明確にする。」

　「4.4.1c）これらのプロセスの効果的な運用及び管理を確実にするために必要な判断基準及び方法を決定し, 適用する。」

　IT導入は会社の戦略的な方向性に適うものでなければなりません。「5.1.1b）方針及び目標を確立し, それらが組織の状況及び戦略的な方向性と両立することを確実にする。」と記載されています。

　また、「7.1.4組織は、プロセスの運用に必要な環境、並びに製品及びサービスの適合を達成するために必要な環境を明確にし、提供し、維持しなければならない。」とされています。

Q21　労災が起こる

社：ふう、先生、まいったよ。

診：今度は何が起こったのですか。

社：社員が怪我してねえ。作業中に脚立から落ちて腰を打ったのだよ。歩けるのだがね。今年労災3件目だよ。去年も3件だから全く進歩しておらんよ。

診：大丈夫ですか。その社員さんは今どうしているのですか。

社：総務の人間に連れられて病院に行っているよ。救急車を呼ぶまでもなかったから、軽災害の労働災害扱いになるね。

診：救急車を呼ばない位でしたら、大事には至らなかったみたいですね。不幸中の幸いかもしれません。

社：重災害ではなかったから、休業扱いにはならなかったけど、もうこんな災害はなくしたいね。普段から口酸っぱく言っているのだが、労災が減らないのだ。先生、何かいい方法はないのかね。

診：今日のように労災は起こってからでは遅いですね。労災が起こる前の意識付けや作業環境が大切になります。

社：どうやるの？　教えてもらいたいな。

◆問題、課題、自社との比較など◆

A21 | 意識改革、ルールの徹底、環境改善を行う

1. 社長や社員の意識を変える

　労働災害（労災）が起こってから、社長が社員に注意したり、怒っても時既に遅しです。労災が起こると、損害賠償責任、労災保険料の上昇、行政処分、労働安全衛生法違反や業務上過失致死傷罪による刑事罰、社会的な信用低下、休業災害による生産性低下など会社にとって良いことは何もありません。労災を軽減させるには、社長、社員の意識を変え、改善することが大切です。

2. ルールを徹底する

　労災を減らすには、「製造業の基本は、自分の身は自分で守る」という意識付けが大事です。決められた服装、保護具を着用することを徹底します。安全に厳しい企業では、工場の入り口に決められた服装、保護具の見本を鏡とともに貼って正すことを訓練します。職場では決められた手順を決められた通りに守ります。ルールを守ることで労災の大半は低減します。一つ一つの手順を確実に行うには指差呼称が有効です。一つの手順を行った後で、対象を指差して手を振り上げて、「○○ヨシ」と言って手順を確認します。指差呼称をすることで作業エラーは約6分の1に抑えられるというデータがあります。ルールの徹底は、ミーティングや朝礼などで定期的に行い意識付けを行います。

3. 作業環境を改善する

　JIS日本工業規格の定義で、安全とは「受容できないリスクがないこと」「リスクを許容可能なレベルまで低減させることで達成される」とされています。リスクを低減させるには、職場の潜在的な危険性または

【図表21-01　リスクアセスメント】

①頻度		②可能性		③重大性		リスクポイント	リスクレベル	内容
頻繁	4	確実	6	致命傷	10	14〜20	V	直ちに解決
時々	2	高い	4	重症	6	12〜13	IV	重大な問題
まれ	1	低い	2	軽症	3	9〜11	III	かなりの問題
		まれ	1	軽微	1	6〜8	II	多少の問題
						5以下	I	問題が軽微

No.	作業名	①頻度	②可能性	③重大性	リスクポイント	リスクレベル

　有毒性を見つけ出し、評価し対策するリスクアセスメントを用います。リスクアセスメントでは、最初に職場における作業の「リスクの見積もり」（図表21-01）を行います。①頻度＋②可能性＋③重大性を足したリスクポイントで、リスクレベルをⅠ〜Ⅴに分析します。リスクレベルの高い作業の優先度が高くなり、優先的に改善します。リスクアセスメントを実施することによって「リスクを許容可能なレベルまで低減」させます。

　職場ルールの徹底と職場環境を改善することによって、労災の起こりにくい企業体質へと変わっていきます。

- -

◆自社への応用、違い、まねできること、疑問点と質問など◆

解説21 労災を軽減するプロセス

　"労災が起こる"会社内の問題に対して、「4.1組織及びその状況の理解」の取組みとしてとらえます。従業員の労災は、外部、内部課題のうち内部課題になり、内部課題の中でも"好ましくない要因又は状態"に当たります。"好ましくない要因又は状態"に対して、どのような組織の目的で、どのような組織能力を有するかを共通課題として明確にします。

　また"労災が起こる"問題は、「7.1.4プロセスの運用に関する環境」が参考になります。ここでは、「組織はプロセスの運用に関する環境、並びに製品及びサービスの適合を達成するために必要な環境を明確にし、提供し、維持しなければならない」と記載されています。労災を低減するには作業環境において、物理的要因（塵、温度、湿度、臭気、照明、振動）、心理的要因（心のケア、ストレス軽減）および社会的要因（人間関係）を考慮し、職場の整理、整頓、清掃に努めることが重要です。

ISO9001の認証を取得して（前編）

　大阪府和泉市に本社を置く高砂建材工業株式会社。各種鉄鋼加工で培った技術を基に、コンクリートセグメント型枠製造を主力事業としている企業である。地下鉄や下水道、地下のパイプラインなどに用いられるコンクリート製品のための型枠で、1/1000ミリ単位という非常に高い精度を要求される製品を製造している。

　2016年12月、新たにISO9001の認証を取得。取得するまでの経緯などについて、社長の藤田憲一氏に話しを伺った。

診：ISO認証を取得しようと決意されたキッカケは何ですか？

社：正直なところ、取引先の元請け企業から強い要請があったからです。ひと昔前に橋梁耐震補強工事で部材の溶接不良が発覚し、大きな社会問題となったことがあり、それ以降、ゼネコンなどから部材の品質信頼性に対する要求が高くなってきました。

診：なるほど。取引先からの要請では断り辛いですよね？

社：確かにそうなんです。ただ、受け身の姿勢で取得したくはありませんでした。当社としてISO認証は初めての取組みです。認証取得には時間とお金、両方のコストが掛かります。中小企業としてはど

ちらも大きな問題ですか
ら悩みましたね。

診：確かにコストを掛けても
効果は分かりづらいです
よね？

社：でも、橋梁補修向けの部
材製作が徐々に増える状
況と、認証取得によって
発注先からの信頼性が大

きく高まることは、当社にとって更なる成長の機会であると考えま
した。それならどうせコストを掛けるなら本気で取組もうと考えま
した。

診：なるほど。認証取得までに苦労したことは何ですか？

社：現場で工具を紛失する、製販連携不足による誤作が起こる、過去の
失敗と同じ失敗を繰り返す、若手社員を中心とした育成計画を立て
る等々、今まで対応を後回しにしてきた問題が浮き彫りになりまし
た。その問題を解決する仕組みを一から作るのに苦労しましたね。
その結果、認証取得までには約半年ほど掛かりました。

〈後編へ続く〉

ISO コラム ③

4. 人材の視点

Q22 後継者が頼りない (いない)

診：最近は、忙しそうにされていますが、お体のほうは大丈夫ですか？
　　心なしか、お疲れのように見えます。

社：景気が良くなくて、会社の将来のことを考えると、睡眠不足にもな
　　りがちで、疲れが溜まってきているのかもな。それに私ももうすぐ
　　70歳になるのだよ。

診：それであれば、社長の後継者のことを考えるのも大事ですね。誰か
　　社長の思いに叶う方がいますか？

社：この会社は先代からのいわゆるオーナー会社だから、経営と同時
　　に、株式の相続もスムーズにする必要があると思っている。そう考
　　えると身内に継いでほしくて、実は、1年前に長男のAをこの会社
　　に移らせた。

診：長男のAさんがこの会社に来ていただいているのであれば、良かっ
　　たじゃないですか。また、経営だけでなく、社長がお持ちの株式相
　　続についても思いを巡らされているのは立派です。相続関係でもめ
　　るのが一番大変ですからね。あとは、いかにAさんを育てていく
　　かですね。

社：Aはこの会社に来て日も浅く、まだまだ頼りない感じだ。仕事の面
　　だけから言うと長年仕えてくれているB君の方が上だと思うし、私
　　自身も正直まだ決め切れていないのだよ。

A22 | 早い時期に後継者を決めて、心構えやノウハウを伝える

1. 後継者候補の選定と決定

　中小企業では社長の平均年齢が上昇しており、スムーズな社長交代が行われていない傾向が強くなってきています。高齢化した社長は積極的で前向きな行動を控えがちになりますし、世の中の動きに対して後手後手の対応では会社の存続自体が危うくなります。また、後継者が見つからずに廃業に追い込まれた事例も多くあります。一方で、中小企業の社長のほとんどの方が、自分の後も事業を継続してもらいたいと考えています。後継者にプロの経営者と言う選択肢が無いわけではありませんが、中小企業の経営トップには実務的な行動や経験がより重要ですので、その会社の生業を良く知っている、もしくは社長自ら教え込むことが出来る身近な存在の中から後継者を選ぶのがベターと考えます。その点から、後継者候補としては、社長の息子・娘を始めとする親族、会社内の優秀な役員や従業員があげられますが、早めに後継者を決め（社長が高齢の場合にはなおさら）、本人にも自覚をさせて、育成していくことが肝要です。

2. 後継者の育成・指導

　会社の社長（トップ経営者）は責任の重さを鑑みれば、その役割は幅広く、また他の役員とは大きく異なります。社長がすべき主要な仕事を以下に列挙しました。

　①会社としての大きな方向性を示す。方針・目的の明示。

　②ビジネス環境を敏感に察知し、機会とリスクを適正に評価し対策を講じていく。

　③社内外の関係する人々との良好な関係を築き、情報収集に努めて、

それを経営に反映していく。

④失敗や反省すべき点があれば、その修正を的確に捉えて、対策の実行や軌道修正の指示を行う。

⑤倫理遵法の意識を常に持ち、緊急事態、不測の事態が発生した場合には、先頭に立って、速やかにその解決に当たる。

⑥経営数値を読み解き、会社の経営状況を財務面から把握する。

　特に、中小企業の場合は、社長自ら社内外の詳細な実態を直接把握して、具体的な判断や指示をしなければなりません。そのため、自分が後を託すべき人には、実務にも精通し、場合によれば苦労を重ねながら学ぶと言った経験をさせることが大事です。そのなかで、後継者としての成功体験を積み重ねることが出来れば、後継者自身の自信や自覚が生まれますし、一方で、従業員からの信頼も得られるようになります。

　早めに後継者を選び、少しでも助走期間を設け、上記のような育成・指導を行えば、スムーズな社長交代が可能になります。

◆自社への応用、違い、まねできること、疑問点と質問など◆

解説22 会社の経営を系統立てて行うことで、効率的な後継者育成につながっていく

　後継者が決まり、本人にも自覚を持ってもらったのであれば、自社勤務をさせて実務を積みながら、社長自らが折に触れて知識や経験に基づいたノウハウを伝えていくといった方法で、教育・指導するのが結果的に有効です。既に自社勤務が長い人を後継者として育成する場合にも、全体把握をするように指導するのが良いと考えます。

　以下に、教育・指導項目の概要を記します。

　第一に、「5.1 リーダーシップ及びコミットメント」、「5.3 組織の役割、責任及び権限」に基き、社長としての役割や会社の組織・機能分担に対する理解を深めさせることが重要です。次に、社長自らが「5.2 方針」を策定・開示し、自社を取り巻くビジネス環境を把握させ、「6.1 リスク及び機会への取組み」の策定に時間を割き、指導します。また、会社の顔として顧客や取引先との友好的な関係を強めるために色々な場に同行して顔を出させ、先方のニーズや要望などの情報を収集させることも育成の一つになります。これは「7.4 コミュニケーション」、「8.2.1 顧客とのコミュニケーション」が参考になります。最後に、計画通りに活動が進んでいるのかのチェックを「9.3 マネジメントレビュー」で適宜実施し、必要に応じて是正処置し、継続的な改善に繋げていくことが肝要です。

- -

◆気付き、特に注意する箇条・番号など◆

Q23 技能伝承ができていない

社：この頃、団塊世代が定年を迎え、ベテラン社員の定年退職が続いているね。先輩の技能をどうやって次の世代に引き継いでいくか。どこの会社も困っていると思うのだが。

診：御社の品質は評判ですよね。自社に蓄積されている多くの知識のうち、「何を確実に管理すれば顧客の要求を満たす製品及びサービスの提供ができるか」という観点で、管理が必要な知識を特定することが重要ですね。

社：技能の伝承が不十分なままにしていると、大きな品質事故につながることも懸念されるね。

　　何から始めたらよいのだろうか。困ってしまうよ。

診：社内の人たちと、このテーマで話合い、伝承すべき技術や技能を決めるべきでしょうね。

社：マニュアルを作るべきだということはよくわかっているのだが、どのようにしたら役に立つマニュアルができるのだろうか。

診：習う側がメモをとり、マニュアルをつくる進め方をご紹介しましょう。

社：社内に蓄積した知識を皆で活用できるようにしたいものだな。

- -

◆問題、課題、自社との比較など◆

A23 見える化による技能伝承により企業の競争力を高める

1. 伝承すべき技術や技能のリストアップ

　伝承すべき技術や技能を一覧表に見える化します。その技術・技能の重要度、優先度を評価し、伝承計画を立案します。従来の技術・技能を発展させる形で次世代へ承継していくことが重要です。

2. マニュアルの整備

　多くの中小企業では、マニュアルが整備されておらず、属人的な事柄が多いです。現場で先輩から後輩への伝承が円滑にいかなくとも、根気よく、粘り強く、愛情をもって取り組まなくてはなりません。模倣が難しい技術や技能は、習得が難しいものです。だからこそ、自社の競争力の源泉となりうるのです。未経験者に効率よく、わかりやすく教えるのは簡単ではありません。

3.「スピード・メモ習得法」（SN式）の進め方

　①現場・現物で「やって見せ」方式で、

　　　教育しながら、習う側にメモを取らせる。

　②初心者はメモを整理 → 清書する。

　　　これをベテラン（指導者）に見てもらい、修正・確認。

　③清書（修正済み）マニュアルを初心者が見ながら、

　　　その前で、ベテランが再度教える内容を実施する。

　④新たな要素、仕事のコツなど質問事項を入れ、

　　　再度、習ったことを清書する。

　⑤今度はベテランがマニュアルを読みつつ

　　　新人に仕事を遂行してもらう。

⑥進め方①〜⑤を繰り返す

⑦特に重要な点をまとめてワンペーパー標準書にする

　　⇔ 異常処理、特殊処理は別の標準書にする

⑧視野の中に入れ3点ほどを常にチェックしながら仕事を進める

⑨変更がある場合 ⇒ ⑦に戻る

⑩維持・定着

(出典：中村茂弘著『技術・技能伝承術』工業調査会出版、2005年、P.176.)

4.映像を取り入れた研修

　映像の力は強く、言葉で言い表せないコツを瞬時に伝えることができます。携帯端末に保存すればいつでも予習や復習が可能です。

　また、エクセル上に作業の流れ図を作成し、動画再生のアイコンを貼り付け、そのアイコンをクリックすると、操作手順の動画が流れ出し、流れ図を見ながら確認したいところや理解しづらい箇所が習得できるよう工夫するとさらに効率的です。

- -
◆自社への応用、違い、まねできること、疑問点と質問など◆

解説23 「組織の知識」目に見えない強みによる経営体質強化

　商品やブランドイメージ、知的財産権や営業上のノウハウなどの目に見えない強み（知的資産）が会社の競争力を支えています。「7.1.6組織の知識」が新しい要求事項として追加されました。

　組織が培ってきた固有技術や経験などの知識を対象としています。自社の独自の知識を持つことは他社との競争の際、優位に立つことはもちろんのこと、自社の強みによってもたらされる価値が顧客満足の向上に寄与することになります。

　自社にとって必要不可欠な情報（知識）の管理を確実にするために、必要な情報（知識）の明確化、必要な情報（知識）の維持及び可用性の維持、必要な情報（知識）の更新を行うことが求められています。

　必要な情報（知識）の更新については、変化する顧客のニーズを把握し、現在の知識だけでは対応できない場合は、追加の知識を習得する方法、又はそれにアクセスする方法を決定することも大切です。

　改善実施記録に目次をつけて検索しやすくするのも一つです。また、技術の蓄積を誰でも利用できるように記録を残すことが効果的です。

◆気付き、特に注意する箇条・番号など◆

Q24　組織が機能していない

診：社長、またまたご立腹の様ですが、何があったのですか?

社：今日も大事なX社さん向けの例の部品に、不良品がたくさん出て
　　ね。担当のM君には、私が直接何回も注意しているのに直らない
　　のです。どうしたら良いのだろうか。

診：この前のY社の件ではNさんを叱っておられましたが、いつも、
　　どのように注意されているのですか?

社：私も反省はしているのだが、今日はX社から電話を受けたその足
　　でそのまま工場に行って、M君を怒鳴りつけてしまったと言うこ
　　とです。

診：どうしてS工場長に言わせないのですか。それにZ社OBのTさん
　　をスカウトして品質管理室も作られたのですよ。

社：私が直接言った方が早いし、効果があると思うので‥‥。

診：御社の作業員は約40名ですから、社長が全員を直接管理されるの
　　はムリですよ。工場のことは、部下の日常のことを直接知っている
　　S工場長に任せる事が大切ですよ。

社：具体的には、どうしたら良いのかな?

診：作業員も御社一筋のS工場長を尊敬していますから、彼から注意さ
　　せた方が、問題の背景が分かりやすいのです。同時にS工場長とT
　　室長との間の情報共有の仕組み作りも重要ですね。

社：なるほど! やってみよう。

A24 | 組織的に業務を進めるとは

1.権限の移譲

　特に創業者社長の場合、かつて全てを自分でやって成功した体験が
あって、部下、つまり工場長のような中間管理職になかなか権限を渡し
ません。さらに、中間管理職とは功労者や長勤者に対する単なる「尊
称」になっている場合が多く、彼らは管理職としての教育や権限委譲も
受けていないことがよくあります。つまり、中間管理職が管理職機能を
果たしていないことがよく見受けられます。

　しかし、会社の規模が大きくなったのに昔のままの体制だと、問題の
発見が遅れて、結局その問題の解決も遅くなります。

2.業務分担の明確化

　「統制の限界」と言って、1人の人が直接管理できる人数には限界が
あります。この会社の場合、その限界を超えかけています。このままだ
と、ますます問題が多発するでしょう。そこで工場の運営はSさんに、
品質管理はTさんにと、専門的知見を持つ中間管理職を育てて、業務を
任せることが必要です。

　こうして社長は、一部を除き業務と社員全員を間接的に把握すること
となります。ただし、最終責任が社長にあることは当然です。

3.スタッフ機能の確立

　組織の整備とその運営を考える場合、生産と販売の担当部署をライ
ン、それらを補佐する他の部署をスタッフと分けて考えると理解しやす
くなります。上の例だと、生産の直接の責任者はS工場長ですが、実際
にはS工場長の業務を支援するために、材料の購買、設備の維持や更新

【図表 24-01　スタッフ組織の独立】

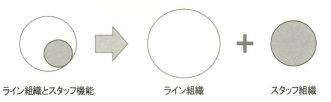

ライン組織とスタッフ機能　　　ライン組織　　　スタッフ組織

を行う保全、品質チェックの品質管理、作業員の生活を支える労務などの仕事（業務）があります。これらをスタッフ機能といいます。

　組織が大きくなると、当然ラインが大きくなりますが、スタッフ機能も拡大して、独立したスタッフ組織になっていきます。この図でスタッフ機能がスタッフ組織として独立していることに注意して下さい。

　Ｓ工場長が今後不良品を減らして行くには、Ｔ室長の支援がないと難しいし、一方Ｔ室長も、具体的な改善業務は製造工程と作業員の気質をよく知るＳさんを通して指示しなければ、うまく行きません。直接作業員に指示すると、混乱を招きます。

　このように、中間管理職が自分の担当範囲を明確に理解するとともにその責任を果たし、同時に他の部署と共同で目的達成に動くことを「組織的な活動ができている」と言います。このようにラインとスタッフが車の両輪のように機能している企業が強い企業で、企業運営のノウハウが知的財産として蓄積されていきます。

◆自社への応用、違い、まねできること、疑問点と質問など◆

解説24 | 組織の役割を明確にし、責任及び権限を割り当てる

　不良品とは、ISOで言う「不適合」の代表的なもので、その対策には、「10.2不適合及び是正処置」が関係します。統制の限界を乗りこえて組織化していく場合のポイントは、「5.3組織の役割、責任及び権限」にまとめてあります。この箇条が「5リーダーシップ」の中にあることに注目してください。つまり経営者のリーダーシップとは、権限委譲しラインとスタッフそれぞれに中間管理職を育てていくことでもあるのです。

　またISOでは、ライン、スタッフの各機能をプロセスと呼びます。「4.4品質マネジメントシステム及びそのプロセス」ではこれらのプロセスが機能する順序（順番）と相互関係を明らかにすることを要求しています。このプロセスの上手な組み合わせは、企業のノウハウ、つまり重要な知識なのです。さらに「7.1.6組織の知識」では、企業は企業経営に必要な知識を明確にすること、つまり会社独自の固有の知識や知恵を持つことを要求しています。

　知識にはこれ以外にもたくさんありますが、例え小さな規模であっても、歴史があり利益を挙げている老舗企業には、このような組織運営の知識が代々積み重ねられていると言って良いでしょう。

◆気付き、特に注意する箇条・番号など◆

Q25 社内がしっくりいかない

社：最近、社内での仕事のチグハグが散見されるようになってきてね。

診：どういうことですか?

社：いや～、指示を出しても指示内容が的確に伝わっていないのか、指示内容と異なる場合が多くなっているのだよ。

診：それは困ったことですね。

社：そうなのだよ。わが社での製造は幾つかの工程を経て製品が作られているのだが、各工程の連携がうまくいかず仕掛品もそれなりに多く滞留しているのだよ。

診：それは資金繰りにも影響し、問題ですね。指示などはどうされているのですか?

社：必要に応じて管理者や担当者へ指示しているのだが、必要な内容が十分伝わっておらず、何となく各自の長年の経験が加味されながら業務が行われているのだよ。

診：なるほど、組織内でのコミュニケーション不足のせいで従業員のベクトルが合っていないのですね。

社：そうであれば、どうしたら良いのか聞きたいのだが‥‥。

- -

◆問題、課題、自社との比較など◆

A25 ｜従業員のベクトルを合わせる

　日常業務の遂行では、職場内のコミュニケーションが非常に大事です。しかし社長の立場では社外の業務も多忙で、社内に対して意外と決め細かく目が届かないのが実状です。例えば、棚卸回転日数が悪くなり原因究明のために原材料・仕掛品・製品の在庫量を調べることもあります。過剰在庫の原因は色々なケースがありますが、部門間のコミュニケーション不足からくる行き違いが原因の場合も多いのです。

　また、社内組織の中核となるべき管理者が十分に部下とコミュニケーションが取れていない場合もあります。

　さらに、社内だけではなく、外部とのコミュニケーションが十分に取れていない場合には、業務指示も変更せざるを得なくなり、齟齬が増進される可能性もあります。

　コミュニケーション不足は、組織全体にチグハグ感を生み、結果として業務がスムーズに遂行せず、会社全体がしっくりいかなくなるものです。

　主な原因は従業員全員のベクトルが合わなくなっていることにあります。

　従業員全員がベクトルを合わせて同じ方向を向いて仕事をすれば、企業が有する力は1+1が2以上の力となります。ベクトルの合った企業になるには、従業員が組織の目的を理解し、業務を通じて会社へ貢献する意欲を持つことが必要です。コミュニケーションは従業員全員が組織の目的を理解し貢献意欲を維持するのに、重要な役割を果たします。

　具体的には、経営理念や生産計画・進捗などを会議・朝礼等を通じて共有化し、理解し納得させることが必要です。

　文書による回覧、スローガン等の掲示も併せて行うと効果的です。社

長が職場を巡回される場合、従業員へ積極的に「声掛け」を行うとコミュニケーション向上に意外な効果があります。

　もちろんベクトルが合った組織となるためには、コミュニケーションだけではなく、社長や管理者がリーダーシップを発揮することが必要なことはいうまでもありません。重要なのは従業員全員が社長の思いを知ることにより、担当業務に対して使命感を持ち、仕事に対するやり甲斐感を高めることです。

　社長が内外の環境変化に対応させて、経営方針を明確にし、従業員が業務のP（計画）・D（実行）・C（チェック）・A（処置）を確実に回していくことで、ベクトルの合った事業運営が可能になります。

◆自社への応用、違い、まねできること、疑問点と質問など◆

解説25 ｜ コミュニケーションとリーダーシップ

「7.4コミュニケーション」では、企業の内部及び外部に対してコミュニケーションを決定することを求めています。具体的に、7.4a〜eでは、コミュニケーションの内容、実施時期、対象者、方法、行う人を設定するとしています。

また、「5.リーダーシップ」では、社長が会社運営に対するコミットメントを行い、リーダーシップを発揮して、管理者の役割を支援し、マネジメントをうまく機能させることを求めています。

ISOがきめ細かなコミュニケーションやリーダーシップを求めているのは、経営者が思っている以上に、従業員とのコミュニケーションを的確にとること、またリーダーシップの発揮が難しいことを物語っていると考えられます。

経営者は経営理念や経営方針、仕事の意義等に関して、リーダーシップを発揮し、粘り強く従業員とのコミュニケーションを行い、浸透させていく必要があります。

- -

◆気付き、特に注意する箇条・番号など◆

Q26　社長が現場に出ないと仕事が回らない

社：お待ちどうさま。先生、待たせて悪かったね。現場から呼ばれて、
　　時間がついつい経ってしまったよ。

診：そうですか。でも、現場にもリーダーがいるのに、社長があまり現
　　場に出ると嫌がられませんか?

社：それがそうでもないのだよ。私が行くと現場のみんなが頼ってくる
　　し、私からの指示がありがたいって言ってくれるのだ。

診：そうですか? ところで、新しいこの会社の将来構想を考えないと
　　いけないと言っておられましたが、そちらは進んでいますか? こ
　　の前、お会いした時には、「お客さんの要求も変わってきているの
　　で、早急に社内の体制や設備導入の大筋を考えないといけない」
　　と、急いでいるようにお話されてましたが。

社：そうだけれど。現場に出る時間が多くて、じっくり会社のことを考
　　える時間が取れないのだよ。そういえば、最近お客さん回りも十分
　　出来ていないな。目の前の問題ばかりを気にし過ぎて、私自身が現
　　場に出る時間が長すぎるのかな。

診：そうですね。社長が現場や工場全体を把握するのは必要ですが、
　　個々のことは現場のリーダーや作業者に任せてはどうですか。会社
　　の将来のことを時間をかけて考えたり、対外的な情報収集や人的交
　　流など社長にしか出来ないことは多いはずですよね。

A26 | 現場管理者・リーダーを育て、そのための仕組みを作る

1.社長や現場の作業者の意識を変える

　会社が繁栄し利益を出していくためには、付加価値創出の源泉である現場をいかに効率的に運用していくかが鍵となります。そうした中で、中小企業では、現場やお客さんとの対応の両方に一番熟知しているのが社長であることが多く、そのために何か問題等があれば、すぐに社長の判断を仰ぐことになってしまいます。

　しかし、一方で会社は目の前の利益を追うだけでなく、長く経営を続けていくことが、従業員にとっても非常に大事です（Going　Concernの重要性）。そして、その根本になる会社の将来構想や戦略を考えたり、世の中のビジネス環境を把握したりすることは、社長にしか出来ないことでもあります。そのことを、社長自らも認識して、重要度の高いこと以外は現場に判断を委ねて、現場に出たい気持ちを抑えて我慢することも必要になります。現場作業者のほうも、リーダーを中心に目の前の作業については自分たちで積極的に考え、工夫して対応していくことが重要ですし、結果的に現場が強くなることに繋がります。

2.役割分担の明確化

　中小企業であっても、組織としてその構成員の役割を明確にしておくことが効率的な会社運用には必要になります。社長と従業員との間には以下のような役割分担があります。

- ●社長（経営者）:
  - 戦略立案、経営目標値の決定と把握、対外的情報収集、人脈作り、資金集め
- ●従業員（現場リーダー・作業者）:

日々の生産活動やトラブルへの具体的対応、改善・創意工夫の自
主的活動

　やるべきことを明確に決めることは現場のリーダーや作業者の自覚や
責任感を醸成する上でも大事ですし、社長自身も本来の仕事を再認識し
て、責任感を持って取組んでいくことに繋がります。

3.情報共有の仕組みの構築

　役割を決めたとしても、社長が全て現場に一任と言うわけにはいきま
せん。月々の経営数値だけを見ているだけで順調な経営が出来るわけで
はありません。そのために、日々の現場（製造や営業）で発生している
ことを、その重要性や頻度に応じて、タイムリーに受け取り、状況に
よっては社長自ら方向付けや判断が出来ることが必要です。

　特に、品質問題や環境事故といった社外の利害関係者への影響度を考
えて、報告・連絡のルールや仕組みを作っておく必要があります。ビジ
ネス上も変化が激しく、情報の氾濫気味な現代においては、ちょっとし
たタイミングの違いが大きな損失もしくは利益につながるため、情報共
有の仕組み作りは大切です。

◆自社への応用、違い、まねできること、疑問点と質問など◆

解説26 | 組織・役割分担を明確化し、タイムリーな情報共有を行う

　社長（経営者）から一般の従業員まで、やるべきことを明確にして、その明確化された業務を確実にこなすことが、その会社の最高のパフォーマンスを発揮することに繋がります。

　そこでまず、内部・外部の課題を解決・クリアするために最良の組織を思い巡らし、「5.3組織の役割、責任及び権限」にあるように人々の責任と権限を定めて、周知することが必要です。また、組織構成時には、マネジメントシステム全体が上手く回るように、かつ、顧客重視の促進に寄与できるように、配慮することも大事です。

　また、組織の人々が与えられた役割に対して能力を発揮できるように、「7.2力量」に沿って日頃の状況を確認するとともに、会社として必要に応じて指導・支援していくことも必要になります。

　加えて、社長が社内の従業員とどのように会話し、意見を吸い上げていくかという点についてもルールを作っておくことが大事です。近年は変化の激しいビジネス環境になってきており、報・連・相についても、内容の重要度を元にして、報告のスピードを重視すべきです。総括的には、「7.4コミュニケーション」の内容を参考にして、社内・社外を含めて、コミュニケーションの具体的方法を規定化しておくことが重要です。それが、ピンチを未然に防ぎ、チャンスを前広に手中にするうえでも有効な手段になります。

Q27　求人したが集まらない

社：困ったな…。退職者が出るので製造職の募集をかけたのだが、応募
　　が来ない。以前は何十もの応募があったのだが今は一桁。このまま
　　では業務に支障が出てしまう。なぜだろう。

診：求人はどこに出していますか？

社：ハローワークだよ、無料だからね。これが求人票だよ。

診：なるほど。会社情報、福利厚生、職務等一通りは網羅しています
　　ね。ところで、採用したい人物像や担当職務、キャリアパスはどう
　　お考えですか？

社：採用したい人物は、上手くやっていけそうな人、フィーリングで決
　　めているよ。相性は大事だからね。職務は退職者の担当を引き継い
　　でもらう。キャリアパス？ うちは小さい会社だからないよ。前任
　　者から教わり、その後は現場で経験を積んでもらえればいいよ。そ
　　れで辞めるならうちのやり方と合わないだけ。

診：それでは採用は難しいでしょう。昨今は人手不足、つまり求職者が
　　企業を選べる状況です。求職者には会社概要を伝えるだけでなく、
　　入社後、活躍できるポジション、更には、職務を通じて成長できる
　　環境であることを示さないと来てくれませんよ。

社：うーん、欠員の補充だけでは不十分なのか？ うちは必要な人員を
　　確保できて業務が回れば問題ないのだが。

A27 | 求める人物像を明確にした上で求人を出しましょう

　我が国の労働人口が減少傾向にある現在、人手不足が深刻化しています。求職者が飽和状態の職種がある一方、深刻な人手不足に陥っている職種もあります。求人・求職のミスマッチが続くと人材難が深刻化し、将来的に企業の競争力は削がれてしまいます。今後は経験者だけに採用を絞っていては人材を補えません。女性、高齢者、外国人等の潜在的労働者は増加しています。採用対象を拡げ、育成を念頭に未経験者を採用することも検討していかなければなりません。こういった採用にあたっては、例えば時短制度の導入等の新たな受け入れ体制の構築も必要となってきます。つまり、採用は企業をより良い方向へ成長させる「きっかけ」なのです。

1.採用目的の明確化

　採用の目的は単に人員充足するだけではありません。人材は企業経営の根幹です。人が活かされなければ成果も上げられません。採用はその入口です。人材育成にはコストも時間もかかります。単に欠員を補充するだけの採用では、得られる効果が薄いと考えます。

　「なぜ採用するか?」、「どのような人を採用したいのか?」、「それはなぜか?」と掘り下げ、「将来的に企業を○○にしたい（ビジョン）から、○○な人を採用する」とビジョンと明確にリンクした人材を採用し、育成する方が効果的です（採用目的の明確化）。そのためには、企業のビジョンを実現する全体戦略 → 人事組織戦略 → 採用計画と、一貫性を持たせることが大切です。

2.採用したい人材に響く媒体とメッセージを

　具体的に採用はどう行えばよいでしょうか。商品を売ることと同様に、相手が入社したいと思わせる戦術が必要です。

　（1）求める人材に合った媒体を利用

　幅広い求職者を対象とした媒体ではなく、職種や属性（性別や年齢層など）に特化したサイトや人材紹介機関を利用するのもよいでしょう。自社サイトに採用ページを設けるのも効果的です。

　（2）求める人材像と自社について情報提供を詳細に

　求職者が応募を躊躇する理由は「企業の実態、担当する職務がはっきり分からないから」です。加えて、求職者が企業に対して求めるものは自身の活躍と職務を通じた成長です。求職者本人が企業に対して「やりがい」を見出せる環境であるかが重要です。求職者には自社概要、業務内容、勤務時間、担当職務、待遇、職場の雰囲気などを写真や文章を交えてしっかりと伝えなければなりません。入社後の育成像を求職者に理解してもらえる求人票を作成しましょう。しかしながら、全ての情報を求人票に掲載するのは困難ですから、自社サイトやSNSのコンテンツを充実させ、事業内容や社内の様子等をこまめに情報発信するのも、非常に有効です。

◆自社への応用、違い、まねできること、疑問点と質問など◆

解説27 | 採用は企業の将来の姿とリンクさせ、求職者に魅力的な求人票を作成しましょう

「7.1.1一般」では人を含む様々な資源の明確化と提供が求められています。採用は「b）外部提供者から取得する必要のあるもの」として位置付けられています。そして「7.1.2人々」では、資源として必要な「人」の質と量を明確に定義し、提供されなければならないと規定しています。

採用活動においてもISO9001のアプローチ（PDCAサイクル）に則ると、効果的に実行できます。採用計画策定（P）→ 選考（D）の実施 → 計画の妥当性チェック（C）→ 今後に向けて見直し（A）を行っていきます。

「7.4コミュニケーション」では、品質マネジメントシステムが有効に機能するための内部・外部コミュニケーションについて、具体的に規定されています。コミュニケーションについて、a）内容　b）実施時期　c）対象者　d）方法　e）行う人　の5項目です。

採用計画＝コミュニケーションと捉えると、a）〜e）に、そもそもwhy（なぜ採用するのか？）を加えると計画策定に必要な事柄をカバーすることができます。

◆気付き、特に注意する箇条・番号など◆

Q28　社員が定着しない

社：うちの会社は、入社して3年以内に辞めてしまう正社員が多くて、なかなか人が定着しないのだよ。

診：そうなんですか。何が原因か心当たりはありますか?

社：会社が自分に合わないからとは言っているけど、本当の理由はよくわからないのだよ。

診：でも、社員を採用する時には、会社の仕事の内容とかは説明しているのでしょう?

社：仕事の内容は説明しているけれど、仕事の内容に合わせてどんな人材が欲しいというよりも、真面目に働いてくれて他の社員と仲良くやっていける人ならいいと思って採用しているのだけど。

診：もちろんそれも大切な要素だと思いますが、この仕事をするためにはどんな能力を持った人が必要か、どんな仕事をしてもらいたいかを明確にして、採用時にはそれらをきっちり説明しておかないと、入社してから「こんなはずじゃなかった」と言って辞められたら元も子もなくなりますよ。

社：う～ん。

診：社員を採用するには、それなりの費用も掛けている訳ですし、採用後も一人前になるまでに掛ける教育費も相当なものですからね。

A28 仕事の目的とそれに必要な能力等を明確にする

　厚生労働省が発表した事業所規模100人未満の会社の「新規学校卒業就業者の在籍期間別離職状況」（2016年10月）によれば、中小企業では、入社後3年未満に離職する者が、近年は低下傾向にあるものの50%近くいることがわかります。

【図表28-01　3年目までの新規就業者の離職状況】

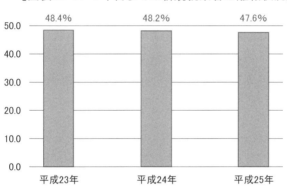

　また、「若年者の離職状況と離職後のキャリア形成」（労働政策研究・研修機構：2017年2月）によれば、新卒3年以内の離職者がいう離職理由では、「労働時間」や「健康」、「人間関係」といった生活上の問題が男女とも上位にある一方で、「自分のやりたい仕事とは異なる」（男性29.9%、女性23.4%）、「仕事が上手くできず自信を失った」（男性26.4%、女性22.3%）といった仕事に関する問題も上位を占めていました。このことから離職の防止には、仕事そのものに対する不満の解消も重要であることがわかります。

　離職防止のためには、採用前から、応募者がやりたいと思っている仕事と会社の実際の仕事内容とのミスマッチを防ぐことが重要となりま

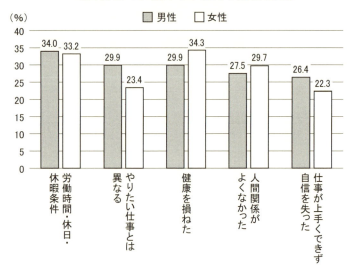

【図表28-02 新卒3年以内の離職理由】

す。そのために会社は、事前に仕事の目的、仕事の遂行に必要な知識や技能等は何かを明確にし、仕事内容に適した求めるべき人材像を確立したうえで、採用時に応募者へきっちり説明することが必要です。

　また、社員の仕事に対する自信喪失を防止するためには、会社は、社員がその仕事に必要な知識や技能等をしっかり身に付けることができる環境を整備することが必要であり、さらにその知識や技能等の活用状況を評価する仕組みを整えることも重要となります。

- -

◆自社への応用、違い、まねできること、疑問点と質問など◆

解説28　人的資源を確保するための取り組み

　「7.1.2 人々」では、会社は品質マネジメントシステムの有効な運営のためには、すべてのプロセスで必要な力量を備えた人を必要な数だけ資源として確保することが求められています。また、「7.2 力量」では、それらの人々に職務に必要な力量を備えさせることを要求しています。

　つまり、「7.1.2 人々」では、それぞれの部門で必要とされる人材を確保することを求めており、そのためには、まずはそれぞれの部門での必要な知識や技能等とは何か、どのような人材が必要かを明確化することが求められます。会社としては、このことが明確であれば、採用時に必要な人材とのミスマッチを防止することができる訳です。

　さらに、「7.2力量」における、職務に必要な力量を社員に備えさせるためには、職務に必要な知識や技能等を社員に身に付けさせる教育環境を整備することが必要となります。教育環境を整備することは、社員の仕事に対する自信の喪失を防止することとなり、結果的に社員の離職防止に繋がるということです。

Q29 自律した社員が育たない

社：近頃の若い社員は、自分の仕事なのに上司からの指示がないと決め
　　られずに、指示を待っている社員が多いのだよ。もっと主体的に仕
　　事をしてくれたらいいのだけど‥‥。

診：そうですか、そんな時はどうされるのですか？

社：「自分で判断してしっかりやれ」と注意するのだが、責任を取るこ
　　とが嫌なのかなかなか自分で決めようしないので、つい指示をして
　　しまうのだよ。

診：なるほど、でも社員が決断できないというのには、やはりどこかに
　　原因があるのではないでしょうか？

社：えっ、どういうこと？

診：たとえば、力量が伴わないため自分の仕事に自信がないとか、過去
　　に失敗して社長に厳しく叱られたとかが考えられます。

社：そういうこともあるかも知れないなぁ。

診：だとすると、社員は自分で決断して失敗するより、上司から言われ
　　たままをやっていた方が得策だと思っているのかも知れませんね。

社：う～ん、何とかならないのかなぁ？

A29 力量を備えさせて仕事を任せる

　「企業活動の将来を担う若者の能力開発・能力発揮のあり方に関する調査研究報告書」（一般財団法人企業活力研究所：2014年3月）によれば、若い社員には「やる気」も「忍耐力」もなく、「コミュニケーション力」が劣っている、さらには「自ら考える力」もなく、「指示された事しかできない」といった、いわゆる「自律していない」という認識が、若い社員自身と上司の双方にあることがわかります。

【図表29-01　若い社員の能力について】

	備えている、優れている		劣っている		合計	
	若い社員	上司	若い社員	上司	優	劣
① 真面目さ、素直さ、協調性	25	25	16	19	50	35
② コミュニケーション	10	9	30	32	19	62
③ PC等新しいものに対する対応力	55	19	1	0	74	1
④ やる気、向上心、チャレンジ力	5	10	23	27	15	50
⑤ 忍耐力、ストレス対応力、継続心	3	1	25	30	4	55
⑥ 学力、語学、専門知識	13	35	1	1	48	2
⑦ 積極性	5	11	19	18	16	37
⑧ マナーや挨拶、一般常識等	4	12	30	4	16	34
⑨ 自ら考える力、問題解決力	0	5	16	25	5	41
⑩ 柔軟な発想	20	4	3	15	24	18
⑪ 指示された事しかできない、自分の意思で行動できない	0	0	12	26	0	38

　何故このように自分は「自律していない」との認識を持っている若い社員が多いのでしょうか？ そこには「専門知識等は備えている」にもかかわらず、「仕事に自信がない」と考える社員が多い可能性があります。

　また、若い社員が、自分は「柔軟な発想」を持っていると考えているのに対し、上司は、若い社員は「柔軟な発想」ができないと考えている

などのギャップもあります。上司は部下の専門知識については信用しているにもかかわらず、他の能力は劣っていると考え仕事を任せ切れないという実態が窺われます。

　したがって、会社としては、次のような対応が必要です。

①社員が自分の能力に自信を持って仕事を行えるように、会社は職務に相応しい力量を備えるために研修等の仕組みを整え、社員に自信を持たせること。

②自律した社員を育てるためには、社員に「責任」と共に仕事を「任せる」こと。そして「任せた」以上は社員の考えを尊重するとともに、失敗をしてもむやみに叱るのではなく、次に繋がるような機会を与えること。

③仕事を通して「自分は会社に対してこれだけ貢献している」という自覚を社員に持たせること。

　会社が以上のような対応を行うことで、社員は自信を持って仕事を行えるようになり、社員の自律へと繋がります。また、上司は、部下に対して指示するのではなく、問題点とその対策を考えさせ、なぜその対策を選んだのかと聞き、意見を交わす形でコミュニケーションすることが効果的です。

- -
◆自社への応用、違い、まねできること、疑問点と質問など◆

解説29｜力量を備えさせ、責任を持たせ、貢献意識を醸成する

　「7.2力量」では、会社は社員に職務に必要な力量を備えさせることが要求されています。自律した社員を育てるには、まずその仕事に必要な力量を備えてもらうことが重要です。なぜなら力量を備えた社員は実践を通して徐々に自信をつけてゆき、任された責任に見合った力を持つようになるからです。また、「5.3組織の役割、責任及び権限」においては、経営者は組織に必要な機能に対して責任者を割り当て、権限を委譲することを要求しています。若い社員であっても相応の責任を持たせることにより、自分の担当している仕事の重要性を自覚し、自信と自律のマインドを育てることができます。さらに、「7.3認識」のc）では「自らの貢献」の重要性を確認させることを要求しています。つまり、社員が自分の仕事の意味を理解し、自分がどのように仕事に関与すれば会社の成長に繋がるかなどを自ら考え行動するように育てることが求められています。

　このように、社員に仕事の遂行に必要な相応しい力量を備えさせ、仕事を任せて責任を負わせる一方で、社員に貢献意識を持たせるというステップを踏ませることで、自律した社員が育ってゆくのです。

Q30　やる気のない社員が多い

社：うちは年初に目標を決めてみんなで頑張ろうと言っても、すぐに目標が未達になってしまう。うちの社員はやる気がないのかなぁ。

診：どうして達成できないのでしょうか?

社：私には理解できないよ。給料をもらっているのだから、決められた目標を達成するのは当然だと思うのだけどね。

診：でも、その目標は社員にとって達成可能なものですか?

社：この程度なら大丈夫だろうと思う目標を設定しているつもりなので、それが達成できないのはやる気がないからだと思うよ。

診：なるほど。でも、その目標は社員が納得したものになっているのですか?　会社が一方的に作っただけであれば、社員は目標を達成する意義が理解できていないのかも知れませんよ。だからやる気が起こらないのではないでしょうか。

社：う〜ん、でも目標なんて会社が決めてそれを社員にやらせるもので、いちいち納得なんて考えていたら、会社の経営は成り立たないよ。

診：そうでしょうか。目標に納得感があると、社員も目標を達成しないといけないという意識が芽生えてくると思いますが‥‥。

A30 社員が納得する目標設定を行う

「イマドキ若手社員の仕事に対する意識調査2017」（株式会社日本能率協会マネジメントセンター：2017年7月）によれば、仕事に求める条件として、若手および上司・先輩社員とも「自分の能力が発揮できる（若手20.3％、上司・先輩25.1％）」というのがトップとなっています。さらには、若手社員は「仕事環境の心地よさ（17.9％）」、「自分らしい生活を送る（15.5％）」が高い割合となっている一方で、上司・先輩は「よい結果を出す（15.5％）」が高い割合となっています。

【図表30-01　社員が仕事に求めている条件】

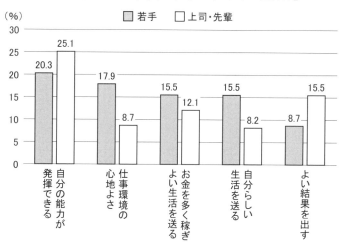

つまり、社員のやる気を高めるためには、もちろん仕事に対する評価や処遇（お金）も大切ですが、社員が自分の能力を発揮できて、仕事が面白いというように環境を整えることが重要だということです。これは、まさにハーズバーグの「動機付け・衛生理論」にあてはまります。

　それでは具体的に社員のやる気を高めるための方法・手段ですが、会社としても社員のやる気を鼓舞することによって、全員で会社の目標を達成することが大事なことです。この点についてバーナードは、組織の活性化には、①全員が共通の目的をもつこと（共通目的）、②社員がお互いに協力すること（協働意思）、③そのための手段としてのコミュニケーション、の3点がそろっていることが重要だと述べています。なおコミュニケーションとは、一方的なものではなく、上下・左右の双方向の情報交換をいいます。

　この社長の場合は、コミュニケーション不足のために、社員がこの①と②を十分持っていないように思われます。そこで社内のコミュニケーションを活発にしていけば、全員が共通目的に向かって協働しようという職場の一体感が生まれ、心地よい職場の雰囲気になることでしょう。ただ、ハーズバーグが言うように、会社側も職場環境を十分整えることが必要です。

　こうなれば、社員はやる気を起こし、会社の目標が達成されることにつながります。

◆自社への応用、違い、まねできること、疑問点と質問など◆

解説30 ｜ 共通目標、協働意思、コミュニケーション

「6.2品質目標及びそれを達成するための計画策定」の中の6.2.2では、目標立案から達成、さらにはその評価に至るまでの具体的な道筋（計画）を決定することが要求されていますから、計画の策定には、社員全員が納得して目標を積み上げることが前提となります。そのためには「5.2.2品質方針の伝達」で会社の方針が組織内に徹底され、さらに「7.3認識」では社員に対して自らのやるべき事を十分に認識させることが求められます。ただし、やるべき事を成すためには自分だけの努力では限界があり、社員がお互いに協力してやることの必要性を感じることで協働意識の醸成に繋がるものです。さらに「7.4コミュニケーション」では、そもそも日頃から会社の実情等について、社長が社員との間でとるべきコミュニケーションについて例示しています。例えば、目標設定をする場合においては、その内容・実施時期・方法等です。よって、社長はコミュニケーションの機会を設け、社員が納得するまで話し合って目標を共有化し、協働意思をもたせることが必要と考えられます。

　十分なコミュニケーションのもとで納得した目標設定が行われ、会社の方針が組織内に徹底されれば、共に頑張ろうという社員の「やる気」は自然と出てきます。

ISO9001の認証を取得して（後編）

診：半年で認証取得できたの
　　ですか？ 相当なスピード
　　取得ですね！

社：はい、お手伝い頂いた
　　ISOコンサルタントであ
　　る、中小企業診断士さん
　　のお陰ですよ！「競合他
　　社と差別化を図るため、
　　1日でも早く取得したい
　　んです！」と、無茶なお
　　願いをしたんですが、見事に応えて下さいました（笑）

診：なるほど、仕事の仕組みがちゃんと完成されていたからこそ、ス
　　ピード取得できたんですね？

社：いいえ、業務フローや文書管理など、各業務を改めて見直してみる
　　と出来ていないことが多くて・・・。

診：そうでしたか。認証取得に対して社員から反対されましたか？

社：現場社員からの抵抗は想定した通りありましたよ（笑）。社員にし
　　てみれば通常業務に負荷が掛かる訳ですから。でも認証取得によ
　　り、作業状況を自ら記録し、記録書の写しを提出できるため、受注
　　企業の立会検査が簡素化できるメリットがあります。当社も顧客か
　　らの評価、品質面などの他社との差別化につながるし、社内の業務
　　の流れが確認しやすくなり、業務効率化も期待できました。得られ

　るメリットを粘り強く説明し、社内の合意形成に時間を掛けました

診：なるほど。ISO認証を取得して良かったですか？

社：はい。中小企業だからこそ取得した効果は大きいですね。

【企業プロフィール】
　社名／高砂建材工業株式会社
　本社／〒593-8311 大阪府和泉市仏並町513-1
　代表／藤田憲一
　ＴＥＬ／072-590-2881
　ＦＡＸ／072-590-2882

【事業内容】
　RCセグメント型枠・耐震防水水槽型枠・各種コンクリート製品の型枠製造
　橋梁付属物製造・鉄塔部材製作・その他歩道橋・管理橋等構造物製造

第3章
ISOが経営に近づいた

これからの会社運営には
ISOがヒントにできることが
分かりました。
ありがとうございます。

　本章では、2015年改訂版ISO9001規格が、経営に近づいていることを考察します。具体的には、ISOが経営目標達成に向けての管理の仕組みの構築を提案していることを示すために、経営とISOマネジメントシステムとの関係性について考察します。そして、経営とリンクしたマネジメントのPDCAサイクルを俯瞰し、経営的観点からISOマネジメントの全体像を捉えます。

1. 経営戦略家ドラッガーのマネジメントと符合するISO

　経営戦略論の大家で「マネジメント」の著者ドラッガーは、事業戦略を3つの段階に分けて表現しています。すなわち、コア・プロセス、支援プロセス、経営プロセスです。一つ目のコア・プロセスとは、基幹業務ともいわれている製造や顧客サービスそのものです。二つ目の支援プロセスとは、基幹業務を支援する人事や設備などのことです。三つ目の経営プロセスとは、経営層・トップマネジメントを中心とした意思決定、経営目標設定、マネジメントレビュー（検証）などです。このように考えると、ドラッガーが論じている「マネジメント」は、ISO規格の構造によく似ていること気づく方もいると思います。コア・プロセスは「8運用」、支援プロセスは「7支援」、経営プロセスは「4組織の状況」・「6計画」・「9パフォーマンス評価」・「10改善」です。そしてこれらに積極的に関与して推進するための「5リーダーシップ」が、それぞれ対応しているといえます（図表3-01）。

　ただ、ISOは理論ではないので、現場に近い業務を扱うのが大半です。コア・プロセスに対応する「8運用」と支援プロセスに対応する「7支援」の記述分量が全体の6割以上あり、残りの約4割の記述分量が経営プロセスに対応した記述になっています。

　まとめますと、ドラッガーのマネジメント理論は、経営戦略や事業戦

【図表3-01 ドラッカーのマネジメントとISO規格の対応表】

ドラッガーのマネジメント論	ISO9001：2015
コア・プロセス 　製造や顧客サービスなどの基幹業務そのもの	8　運用
支援プロセス 　基幹業務を支援する人事や設備など	7　支援
経営プロセス 　意思決定、経営目標設定、 　マネジメントレビュー（検証）など	4　組織の状況 5　リーダーシップ 6　計画 9　パフォーマンス評価 10 改善

略を考える枠組みを理論的に提唱しており、一方、ISOマネジメントは現場から経営層までが見るべきチェックポイントを具体的に記述しています。言い換えれば、ISOマネジメントは現場担当者から経営層までが見るべき具体的なチェックポイントを記述してくれているマネジメントの世界標準と見立てることができます。

　第2章で扱ってきたQ&Aは、Qを経営者の悩みとし、Aをその解決策としてコンサルティングの各論で対応させており、さらにISO規格各箇条の考え方によって、この各論を補完する解説をしてきました。ISO規格から発想するのではなく、経営問題を含む日常運用の問題解決のヒントをISO規格に照らして規格の中に見つけ出して頂くという趣旨でした。第2章のような発想でISO規格を組織のマネジメントに活用すれば、中小・小規模事業者においても世界標準のISOマネジメントシステムを扱うことができるということです。紙面の関係で、あらゆる問題を扱うことはできませんが、経営のヒントにできそうな問題例をBSC（バランス・スコア・カード）の分類を参考に掲載しました。BSCとは、ロバートS.キャプラン氏とデビッドP.ノートン氏により構築された新しい業績評価システムのことで、経営の問題を「財務の視点」、「顧客の視点」、「業務の視点」、「人材の視点」に分類しています。

経営における様々な問題に直面している時に、第2章Q&Aで実践的な解決のヒントを得ていただき、同じく解説でISO9001規格の各箇条にちりばめられたISOマネジメントの要点からもヒントを得て経営改善を実践することが、経営戦略や事業戦略の意図した方向に成果を導くものと確信しています。実際に、ISO9001：2015では、組織の目的及び戦略的な方向にマネジメントシステムの意図した結果を結び付けることを求めています。ISO9001：2015が経営に近づいたと言うのは、こういった意味合いからです。

2. ISO9001：2015から読み取れる経営の視点

ISO9001：2015では、製品以外にサービスも対象にした内容の規格になっています。産業のサービス化が進んでいることに対応した規格改訂であると考えられます。本節では中小製造業を対象に規格の条文から読み取れる「ISOが経営に近づいた」部分について、考察を加えます。

「4組織の状況」は、ISO9001：2015で新たな項目として追加されています。経営戦略を考える際には、組織がおかれた状況を把握するためにSWOT分析を用いることがしばしばあります。SWOTとは、組織の状況を内部環境と外部環境に分けて分析しようとする戦略ツールです。強みを「S」、弱みを「W」、機会を「O」、脅威を「T」で分析し、戦略の方向を導こうとするものです。

「5リーダーシップ」においては、トップマネジメントというキーワードがでてきています。トップマネジメントの意味は「最高位で組織を指揮し、管理する個人またはグループ」と定義されています（ISO9000：用語の定義）。さらにその注記では、「マネジメントシステムの適用範囲が組織の一部だけの場合、トップマネジメントとは、組織内のその一部を指揮し管理する人をいう、となっています。これらトップマネジメン

【図表02　SWOT分析ツールの例】

	プラス要因	マイナス要因
内部環境	強み (Strength) S	弱み (Weakness) W
外部環境	機会 (Opportunity) O	脅威 (Threat) T

トが、様々な場面でリーダーシップをとって企業の経営運用をしていく記述になっています。ISO9001：2015では、顧客重視、品質方針の確立と実施・維持、責任と権限、などについて、リーダーシップの発揮と成果達成の公約、積極的な関与がトップマネジメントに求められています。

　「6計画」は、ISO9001：2015で新規で登場してきた箇条でリスクと機会への取り組みについて記述されています。ISO9001：2015では、このリスクと機会の取り組みについて、次のことが要求されています。①品質マネジメントシステムが意図した結果の達成、②望ましい影響の増大、③望ましくない影響の防止と低減、④改善の達成、です。ここでのリスクの定義は「不確実さの影響」とされており、不確実な状況により意図しない結果や望ましくない方向には行かないように取り組むことと考えれば良いでしょう。このように、外部環境の中に潜んでいて、リスクの反対側にある機会を捉えることや、不確実さの影響を抑止することなどは、まさに戦略的な行動といわれるものであり、ISOマネジメントが経営戦略レベルまで踏み込んでいることを端的に示している内容に

なっています。

「9パフォーマンス評価」では、トップマネジメントは、ある間隔で
マネジメントレビュー（経営の検証）を実施し、その際には統計的な手
法を使うように求めています。「9パフォーマンス評価」では、意図し
た成果があったかどうか検証する仕組みが多数提示されており、リスク
と機会への取り組み（戦略的な行動）の有効性についても検証すること
が可能です。

「10改善」では、「顧客要求事項を満たし、顧客満足を向上させるた
めに、改善の機会を明確にし、選択しなければならず、また、必要な取
り組みを実施しなければならない」とあり、前版であるISO9001：
2008の「予防処置」の要求事項を包含し継承しています。さらにこの
箇条の注記では、「改善には、例えば、修正、是正処置、継続的改善、
現状を打破する改善、革新および組織再編が含まれ得る。」とあります。
この中で、現状を打破する改善や革新および組織再編などは、改革やイ
ノベーションを発想させる意味合いがあります。このように「10改善」
の記述においても、ISOマネジメントが扱う範囲が運営管理から経営に
まで近づいていることが確認できます。

3. ISO9001規格に見えないISOマネジメントの基本概念

本節では、ISOマネジメントの基本概念について言及します。それは、
①プロセスアプローチ、②PDCAサイクル、③リスクに基づく考え方、
の3つであります。

（1）プロセスアプローチ

ISO9001：2015のファミリー規格にISO9000（品質マネジメントシ
ステムの基本及び用語に関する規格）があります。ISO9000では、基

本概念や用語の定義、解説が記載されています。その中の、品質マネジメントの7原則のうちの原則4に『プロセスアプローチ』という重要キーワードがあります。プロセスとは『活動』を意味するものです。プロセスアプローチとは、活動（業務や工程などに置き換えても良い）をマネジメントすることによって、矛盾のない予測可能な結果をもたらす、より効果的かつ効率的なアプローチであると理解してください。平たく言うと、「成果の出るマネジメント手法」といったところでしょう。

（2）2つのPDCA（Plan-Do-Check-Act）サイクル

ISO9001：2015では、現場担当者から経営レベルまで扱うマネジメントシステムになっていることは前述しました。その結果、経営レベルを巻き込んだ大きな意味でのPDCAサイクルと、現場に近いところでのPDCAサイクルの2つのPDCAサイクルが存在しています。

一つ目の大きなPDCAサイクルでは、「P」は「6計画」、「D」は「7支援」・「8運用」、「C」は「9パフォーマンス評価」、「A」は「10改善」です。これらを「5リーダーシップ」でトップマネジメントがコミットしながら関与していきます。

二つ目の現場に近いところの小さなPDCAサイクルは、「8運用」にある「製品ならびにサービスの提供プロセス（これらは基幹業務といってもいい）」に見られるPDCAサイクルです。ここでの「P」は「8.1運用の計画および管理」、「8.2製品およびサービスに関する要求事項」、「8.3製品およびサービスの設計・開発」、であります。「D」は「8.4外部から提供されるプロセス、製品およびサービスの管理」、「8.5製造およびサービス提供」です。「C」は「8.6製品およびサービスのリリース」です。「A」は、「8.7不適合なアウトプットの管理」です。

大きなPDCAサイクルと小さなPDCAサイクルの2つのPDCAサイ

【図表3-03 2つのPDCAサイクル】

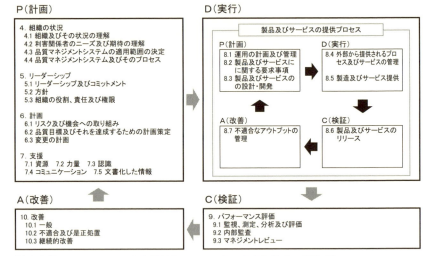

（株式会社テクノファ ISO審査員研修コーステキストより筆者一部改変）

クルを一度に表現すると図表3-03のようになります。

　このように表現すると、経営レベルの大きなPDCAサイクルと現場に近いところでの小さなPDCAサイクルの2つが回っているISO9001：2015の箇条の構造が俯瞰できると思います。大きい、小さいと言っても、重要性の大小ではなく、組織内の経営よりの人材がマネジメントするのか、現場に近い人材がマネジメントするのか、といった役割によるものと考えてください。

　参考までに、付属資料に、ISO9001：2015の箇条一覧をつけましたので、具体的箇条全体については付属資料で確認してください。

（3）リスクに基づく考え方

　品質マネジメントシステム規格で規定する要求事項は、製品の品質に加えて、顧客満足の向上を得ることを目的としています。また、品質マネジメント規格は、PDCAサイクルおよびリスクに基づく考え方を組み込んだ、「プロセスアプローチ」を用いています。この記述は、ISO9001の序文0.1に記述されています。序文といえども、とても重要な品質マネジメントシステムの最上位概念です。

　リスクに基づく考え方とは、起こり得る不適合を除去するための予防措置から、組織が顧客を引き付け新たな製品・サービスを提供する際に考慮するリスクまで幅広い概念が含まれています。ISO9001では、リスクとは不確かさの影響であり、そうした不確かさは好ましい影響又は好ましくない影響の両方を持ち得ると記述されています。しかし、一般的な感覚では、リスクは好ましくない結果となることが対象になるため、ISO9000：2015の3.7.9注記5には、「リスクという言葉は、好ましくない結果にしかならない可能性の場合に使われることがある」とされています。しかがって、「リスクをとる、とらない」、「リスクを受容する、軽減する」という場合に、対象を好ましくないと考えて、その好ましくない程度を考慮に入れて品質マネジメントシステムを計画し、実行することがリスクに基づく考え方の基本です。

　また、品質マネジメントシステムの対象は、個別の製品やサービスの品質ではなく、製品およびサービスを共有する組織の品質マネジメントに対するものです。すなわち、製品やサービスを共有する組織が、顧客の側から見て、いかに自己の品質マネジメントシステムの有効性を実証し得るのかを問うものであります。また、品質マネジメントシステムは、組織が意図した成果を発揮するための仕組みであるため、組織はスパイラルアップ（徐々に機能が向上する）することになります（図表

【図表3-04　スパイラルアップのイメージ】

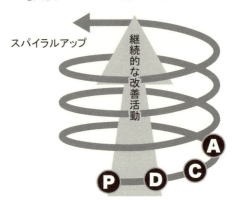

3-04)。

　また、その仕組みを有していることを確認することが認証ということになります。したがって、品質マネジメントシステムの役割は、自己の組織運営において、有効性・一貫性および顧客満足の向上を達成する際の助けになるということです。

　スパイラルアップには、地道な努力から果敢なチャレンジまで求められます。本書を手にして経営力を向上しようとする経営者、経営理論をヒントにISOマネジメント手法で会社組織を変えていこうとする幹部職、ご担当の方々、それらを支援しようとするコンサルタントの皆さんに共通した物事の見方がスパイラルアップということになります。関係者の皆さんの、奮闘を祈念しています。

あとがき

　本書では、小さな会社の社長が日頃直面する様々な問題を取り上げ、解決策を提案してきました。今、あなたが抱えている問題を見つけ、その解決策を検討するヒントを得ることができたでしょうか。問題解決のヒントが得られたら、ぜひ行動してください。行動しなければ、何も変わりません。本書を読んだ時間はムダになってしまいます。行動すれは必ず結果が出ます。その結果がさらにヒントになり、問題解決につながっていきます。

　本書では、それぞれのQ&AにISO9001の条文から得られる解説を加えました。ISO9001には品質マネジメントシステムに対する要求事項が記載されています。品質マネジメントシステムは「会社のしくみ」そのものです。事業をしくみ化することで、次の3つのメリットを得ることができます。

1.仕事の分担ができる

　社長がボトルネックになって仕事が進まないということがなくなります。適材適所で人材を配置でき、仕事が効率化できます。また社長がいなくても業務が回るようになります。社長は経営者としての仕事に集中できるのでパフォーマンスも上がります。

2.将来の予測ができる

　成果が出る手順をしくみ化して繰り返せば、来年も再来年も同じ成果が期待できます。つまり先が読めるので、安心して事業に取り組むことができます。設備や人材に投資する余裕も生まれます。

3.事業を拡張しやすい

　成り行き経営では再現性がありませんが、成功した1つの事業でしく
みができれば、そのしくみで新たな事業を展開しても成功する確率が高
まり、事業の拡張が容易になります。

　つまり、しくみ化は、小さな会社が大きく成長するために必ず実施し
なければならない取り組みの一つと言えます。ISO9001は、認証取得
することだけがその活用方法ではありません。会社のしくみ化を要求す
るISO9001には会社経営のヒントがぎっしり詰め込まれています。こ
れを活用しない手はありません。会社経営のバイブルとしてISO9001
を活用されることをお勧めします。

　小さな会社の社長にとって、会社経営は「人生そのもの」だと思いま
す。本書があなたの人生を豊かにする一助になれば幸いです。

　最後までお読みいただき、ありがとうございました。

品質マネジメントシステム―要求事項

JIS Q9001：2015
（ISO9001：2015）

序文
0.1 一般
0.2 品質マネジメントの原則
0.3 プロセスアプローチ
　0.3.1 一般
　0.3.2 PDCAサイクル
　0.3.3 リスクに基づく考え方
0.4 他のマネジメントシステム規格との関係

1 適用範囲

2 引用規格

3 用語及び定義

4 組織の状況
4.1 組織及びその状況の理解
4.2 利害関係者のニーズ及び期待の理解
4.3 品質マネジメントシステムの適用範囲の決定
4.4 品質マネジメントシステム及びそのプロセス

5 リーダーシップ
5.1 リーダーシップ及びコミットメント
　5.1.1 一般
　5.1.2 顧客重視
5.2 方針

(出典:一般財団法人日本規格協会「品質マネジメントシステム―要求事項
　JIS Q9001:2015（ISO9001:2015)」)

参考文献一覧

- 品質マネジメントシステム―要求事項、JIS Q9001：2015、日本工業標準調査会審議、日本規格協会発行、平成27年
- 品質マネジメントシステム―基本及び用語、JIS Q9000：2015、日本工業標準調査会審議、日本規格協会発行、平成27年
- ピーター・F・ドラッカー（著）、上田惇生（翻訳）『マネジメント―基本と原則』ダイヤモンド社、2001年
- 『ISO9000』審査員研修コース・テキスト、株式会社テクノファ、2017年、第24版
- （一社）日本能率協会（編著）『審査員が秘訣を教える！改訂版ISO9001（品質マネジメントシステム）対応・導入マニュアル』日刊工業新聞、2016年
- 村上悟（著）、ゴール・システム・コンサルティング（編）『［決定版］在庫が減る！利益が上がる！会社が変わる！』㈱中経出版、2012年
- 長谷川光雄（著）『技術者の意地読むだけで分かる品質工学』一般財団法人日本規格協会、2010年、第1版
- 長谷川光雄（著）『続・技術者の意地品質工学と品質管理の融合』一般財団法人日本規格協会、2013年、第1版
- 中村茂弘著『技術・技能伝承術』工業調査会出版、2005年
- 小山昇（著）『小さな会社の儲かる整頓』日経BP社、2017年
- 『日経トップリーダー 2016年11月号』日経BP社
- 『日経トップリーダー 2017年3月号』日経BP社
- 「ISO9001：2015要求事項の解説」品質マネジメントシステム規格国内委員会監修、日本規格協会発行、平成27年

執筆者の紹介 （五十音順）

浅野　宗克 （あさの　むねかつ） ················ 第2章 （Q&A13、Q&A23）
卸売業で設備・運搬機械・切削工具の販売、審査部門、財務、情報システム、関連会社の監査業務に従事。退職後、中小企業の品質管理、環境管理、情報システム、労働安全衛生システムの構築などの支援を行う。中小企業診断士、品質・環境・情報セキュリティマネジメントシステム審査員補。

井上　朋宏 （いのうえ　ともひろ） ··············· 第2章 （Q&A16、Q&A20）
大学生の時に、登場したばかりのパソコンに興味を持ちプログラム作成のアルバイトに没頭する。この時の知識をベースにプログラム作成やシステム導入提案を仕事とするようになり、「仕組みづくり」の大切さ・むずかしさを体験する。社内の仕組みを整理し、従業員に活躍してもらうことで、安心して社長業に専念していただき、企業を成長させるお手伝いをしている。中小企業診断士、情報処理安全確保支援士（情報セキュリティスペシャリスト）、BMIA認定ジュニアコンサルタント。

加藤　慎祐 （かとう　しんすけ） ···················· 第2章 （Q&A7、Q&A8）
電機メーカーで21年間、事業企画や市場調査、環境対応業務に従事後、2014年より経営コンサルタントとして独立。製造業を中心としつつ幅広い業種にて、事業計画策定、現場改善支援、人材育成研修等を行っている。中小企業診断士。

川北　日出夫 （かわきた　ひでお） ······ 第2章 （Q&A14、Q&A17、Q&A19）
30年にわたって開発と製造を、大きな会社や小さな会社で関わってきた経験を活かして、ものづくり企業の新商品開発や、新事業立ち上げ、マネジメントのしくみ作りなどを支援している。中小企業診断士、事業承継士。

窪津　正充 （くぼつ　まさみつ） ·················· 第2章 （Q&A15、Q&A21）
製造業で、20年以上に渡り、研究開発、技術部、品質保証部に従事する。研

究開発品特許の取得、原料代替え検討、生産工程検討、品質検査検討などを行う。コンサルタント会社に入社後に、企画開発、営業および診断・指導に携わる。コンサルティングとしては、製造業の生産性向上・品質向上・在庫削減および組織人事制度立案、小売業店舗の集客改善、酒造製造業の事業承継などの支援を行う。中小企業診断士。

椎木　茂久（しいぎ　しげひさ）……… 第2章（Q&A18、Q&A24、コラム1）
製造業の営業に従事後独立し、16年経過。現在製造業を中心に、財務分析と生産性改善による企業再生の他、経営革新の認証取得、モノづくり補助金取得等の支援を多数手がけている。その際もISOの考え方を応用している。大学（非常勤講師）では、組織論を講義してきた。また、診断士資格取得のための実務補習の指導経験も多数ある。中小企業診断士（平成6年登録）、環境マネジメントシステム審査員補。現在、（一社）大阪府中小企業診断協会（監事）、企業再生研究会、技術向上研究会等に所属。

髙野　淨（たかの　きよし）
　…………………… はじめに、第1章、第2章（Q&A9、Q&A12）、あとがき
約27年間、大手電気メーカーで技術、生産、販売、環境分野の経営改革やIT化を推進。退職前2年間は製品含有化学物質管理システムの運用に携わる。2008年独立。開業後は、経営戦略、マーケティング、現場改善、生産管理、品質管理、省エネ、IT化等、中小製造業を中心に幅広く支援。ISO9001、ISO14001を基にしたマネジメントシステムの構築・改訂や製品含有化学物質管理システムについても多数の支援実績がある。中小企業診断士、ITコーディネータ、エネルギー診断プロフェッショナル。

田中　聡（たなか　あきら）………… 第2章（Q&A5、Q&A11、コラム3・4）
地方銀行で20年以上に亘り法人営業に従事する現役銀行マン。多様な業種・業態である顧客企業の実態掌握により得た経験と金融知識を活かし、顧客が抱える資金調達や販路開拓、事業承継などの課題に対し、解決策を提案する営業スタイルを強みとしている。中小企業診断士、BMIA認定ジュニアコンサルタント。

中山　哲郎（なかやま　てつろう）……… 第2章（Q&A3、Q&A4、コラム2）
大手電機会社でエレクトロニクスの開発設計、品質保証に従事。退職後、中小
企業の取締役、社長、会長を歴任し、経営革新を主導する。退任後は中小企業
の生産性改善、品質保証システムの構築などの支援を行う。国の中小企業支援
機関や特定NPO法人のアドバイザーを務める。中小企業診断士、品質マネジ
メントシステム（ISO9001）審査員補、MBA。

福嶋　康徳（ふくしま　やすのり）
………………………………… 第2章（Q&A1、Q&A2、Q&A6）、第3章
大手民間鉄道企業から国立研究会開発法人に出向し、ライフサイエンス分野で
国プロジェクトの戦略ディレクターとしてイノベーション拠点創出に従事。企
業組織における、品質マネジメントシステム、運輸安全マネジメントシステ
ム、労働安全衛生マネジメンシステムの経営側からの実務経験を有する。中小
企業診断士、工学修士、品質マネジメントシステム審査員補、情報セキュリ
ティマネジメント、ビジネスコーチ。

藤﨑　麻美子（ふじさき　まみこ）…………… 第2章（Q&A10、Q&A27）
プラスチック製品製造業、繊維卸にて秘書、営業管理に従事。現職はスタート
アップ時から在籍し、生産・売上管理の仕組みを構築する。一般企業から
NPO法人まで幅広く活動支援に携わる。中小企業診断士、経営学修士。

眞鍋　雅信（まなべ　まさのぶ）………………… 第2章（Q&A22、Q&A26）
大手電機会社および出向先で、重電機器の機械加工技術、生産性改善活動に携
わった後、工場全体の効率化の企画・推進にも従事。現在は、鋳鍛造品を製造
する中小企業の経営に携わっている。中小企業診断士、技術士（経営工学部
門）。

松島　清（まつしま　きよし）……………………………… 第2章（Q&A25）
製造業で商品開発・生産等に携わり、その間に出向先の商品企画会社や機械製
造の中小企業で代表取締役を経験。退職後、中小企業診断士を取得、中小製造
業の生産性向上の支援に取り組む。また、エネルギー管理士等の資格を取得

し、中小企業の省エネ支援や地球温暖化防止活動のボランティアで家庭の省エネ活動にも参加。中小企業診断士（大阪）、エネルギー管理士、うちエコ診断士 家庭の省エネエキスパート。

八木　敏文（やぎ としふみ）………… 第2章（Q&A28、Q&A29、Q&A30）
地方銀行等で融資業務や資産査定業務に従事した後、一般企業でISO9001等の認証取得責任者を勤める。その後、生命保険会社でコンプライアンス業務に従事し独立。現在は、お金と志の実現パートナーとして、銀行取引支援、ビジョン実現、社員とのギャップ改善等の社長のお悩み解決をサポート。中小企業診断士、認定キャッシュフローコーチ®。

【イラスト】
湯川　晃世（ゆかわ あきよ）
フリーランスイラストレーター。

2018年4月20日　第1刷発行

小さな会社の社長必見！
経営ツールとしてのISO活用Q&A
―ISOは会社をよくする処方箋―

Ⓒ 著　者　　一般社団法人
　　　　　　大阪府中小企業診断協会
　　　　　　ISO研究会

　　　　　　発行者　　脇 坂 康 弘

〒113-0033 東京都文京区本郷 3-38-1
発行所　株式
　　　　会社 同友館
TEL.03(3813)3966
FAX.03(3818)2774
http://www.doyukan.co.jp/

落丁・乱丁本はお取り替えいたします。
ISBN 978-4-496-05357-3

三美印刷／松村製本所
Printed in Japan